Croisière
en mer des pluies

Du même auteur
aux Éditions J'ai lu

PARIJ
N° 5156

NAGASAKI
N° 9675

L'HOMME SANS EMPREINTES
N° 9683

Éric
FAYE

Croisière en mer des pluies

ROMAN

J'ai lu

PREMIER QUARTIER

Une ombre sur un visage

Certains parviennent à exister, par inadvertance. Pour ma part j'ai sous-vécu à côté de ma vie, confortablement. Je tiens à le préciser, tout près *de la vie. Vous l'apercevez constamment au bord de vous-même, aussi intouchable qu'une femme assise à côté de vous dans le bus. J'ignore pourquoi, très tôt, j'ai pris le parti de longer l'existence en fredonnant* plus tard, plus tard… *Je ne l'ai pas usée, ou si peu, et cela fait si longtemps. Je la rendrai intacte. Dire que tant de jeunes capables et gourmands d'expériences sont fauchés avant d'y avoir goûté ! Ma vie en jachère, j'aurais pu la découper en lopins et tout distribuer. Les événements, les émotions, les fautes et les heures de gloire ne demandent qu'à y pousser. Parfois pourtant, souvent même, elle me tente. Circé ! De plus en plus souvent. Peut-être est-ce pourquoi j'ai accepté de venir ici. Mais le peu qui me sépare de la vie, il me sera difficile de le franchir quand viendra le signal. Horriblement difficile. Pendant les cérémonies du soixantième anniversaire de la première mission sur la Lune, m'a-t-on dit. C'est là que tu passeras à l'action, Michel Vivien.* Professeur *Vivien. C'est là que tes diplômes, tous tes diplômes, tes publications et tes recherches, tes méditations passionnantes, tes peurs et tes attentes, c'est là que tout ça va servir, et c'est rare que ça serve. Pour toi, c'est en juillet 2029, dans la base Europe, cratère Herschel, que l'occasion t'en sera donnée...*

Le professeur émergea de ses pensées et se décida à prendre le chemin du retour. Il était soucieux, en colère contre lui-même. Il ne pourrait pas. Il n'y arriverait pas. Cette marche ne l'avait pas même calmé. Et cette maudite poussière, partout, n'arrangeait rien. Il entrechoqua ses chaussures et chassa les grains de régolite. Mon Dieu, soupira-t-il, et au pied du véhicule aperçut ses propres traces, qu'il suivit du regard jusqu'à les perdre de vue. Hormis les pneus, c'étaient les seuls signes de présence humaine dans ce petit cratère. Avant lui, personne ne l'avait foulé. Malgré sa mauvaise humeur, il sourit. Dans dix mille ans, cent mille, si personne d'autre ne piétine cet espace et si aucune météorite ne le bombarde, elles seront encore là. « Est-ce tout ce que je laisserai de mon passage ? Si seulement il s'agissait de mes propres pieds, et non de ces godasses éléphantesques... » Il considéra quelques instants le parcours qu'il avait suivi depuis le haut du versant et mit le moteur en marche. Il ne lui restait plus qu'une heure avant le début de la cérémonie : à peine le temps de revenir et de se changer. Mais il ne voulait pas se hâter ; il goûtait infiniment ces excursions en solitaire à l'écart de tout, avec une préférence pour les périodes de clair de Terre, comme en ce moment. Quand il s'évadait ainsi, ses confrères savaient qu'il était malvenu de le joindre par radio pour des vétilles.

Il la découvrit en atteignant la crête du petit cirque : une moitié d'orange bleue tranchée par le fil des ténèbres, très bas, juste au-dessus de l'horizon. Elle émergeait paisiblement. La nuit tombe sur l'Europe... Spirale dépressionnaire sur le centre-Atlantique, ils auront de la pluie après-demain..., diagnostiqua-t-il, avant de murmurer : Bonne nuit à vous deux. La Terre lui rappelait ces boules en émail cloisonné que les Chinois glissent entre les doigts pour apaiser leur esprit. Continents segmentés en pays, pays ligotés par des fleuves et des frontières... Quand ils étaient de sortie, les hommes de la base ne pouvaient détacher les yeux de ce ventre bombé tour à tour blanc, ocre et bleu, surtout bleu. Michel Vivien s'accorda une minute de pause et prit ses jumelles. Il y avait coup franc : rageusement, l'Italie projetait la Sicile dans les buts de Gibraltar. Tout prêtait à sourire quand on regardait la Terre de loin. C'était parfois à pleurer d'ivresse. Japon mèche rebelle sur le front de la Chine, Ceylan fraîchement pondu par le sous-continent, et ce vieux Péloponnèse tripode et ridicule, qui barbotait en faisant tanguer la Crète.

Ses yeux hypnotisés fixaient un point de l'orange. Ils se souvenaient de leur premier lever de Terre, quelque temps après l'arrivée. La Terre ! Avec ses cyclones enroulés comme des boas, on aurait dit un nouveau-né tout souillé, expulsé des ténèbres. La Terre l'avait sidéré. Il l'avait déjà vue fréquemment mais jamais, comme cette fois-là, elle n'était apparue aussi frêle. Comment se pouvait-il que des caravelles fussent parties pour des mois et des mois vers Hispaniola et Cipango, il y a cinq siècles, pour faire au bout du monde si peu de chemin ? Vivien apercevait la France. C'était sa chambre d'enfant puis de jeune homme, avec autour la salle de séjour, le vestibule, le Chili, les États-Unis, la rue et le jardinet, tous ces lieux où l'on croisait les adultes qu'avec le père on entendait discourir d'un air grave. Maintenant seulement, il avait le sentiment d'avoir quitté sa maison natale, tout en la distinguant encore, comme quand, en voiture, avant de tourner au coin de la rue, on salue de la main ceux qui vous aiment trop.

Et cette planète roulait, emmitouflée dans ses dépressions. Sous son atmosphère et sa magnétosphère, elle avait tout d'une châtaigne au chaud dans sa bogue, attendant la bourrasque automnale qui l'abattrait. « Professeur ! » L'appel de la radio de bord l'agaça. « Professeur ! » La base le recherchait. « La cérémonie commence dans cinquante-cinq minutes. Nous comptons beaucoup sur votre intervention !

— Suis sur le retour, n'ayez crainte. Serai ponctuel. »

Tout le charme était rompu. Les phrases qu'il avait à prononcer lui revinrent en mémoire comme croît la sensation de nausée. « Un grand pas pour l'humanité, avait dit Armstrong. Messieurs, en ce jour... » Non, ce n'est pas possible. Il roula pendant un quart d'heure, longea le flanc d'un mont et à un détour, la base lui apparut. Qu'elle faisait grise mine ! Seuls quelques bâtiments émergeaient du sol. Les locaux d'habitation étaient tapis sous des mètres de régolite. Extérieurement, le plus spectaculaire était ce qu'on surnommait l'*Œil*. Il se dressait plus loin, au large de la base proprement dite, sur une éminence dont le sommet avait été arasé. C'étaient de puissants instruments optiques comme il en existait déjà sur Terre à la fin du XXe siècle sur les pics du Chili ou des îles Hawaï. Dans l'embrasure de chaque coupole, un miroir de huit mètres de diamètre accomplissait des merveilles. Cette demi-douzaine de monocles, plantés en étoile à trente mètres d'intervalle, regroupaient leurs faisceaux lumineux et l'ensemble, dans un centre nerveux appelé *point focal*, dotait la batterie des télescopes d'une résolution diabolique. De cet endroit-ci de la Lune, on pouvait voir n'importe quel humain, même le plus menu bambin, gesticuler à la surface de la

Terre. Car on avait affaire à de redoutables filets à images lancés dans la nuit. Ils remontaient avec abnégation ce qu'on leur demandait de pêcher sur Terre : usines secrètes, avion perdu, maîtresse d'un président, contrebandier... Le professeur détailla longuement ces heaumes d'acier. Avec leurs visières relevées, ils veillaient autour d'une planète assiégée. Et il murmura plusieurs fois le même mot, en frissonnant : *Myosis*. Cette succession de télescopes en interférométrie avait reçu le nom officiel de *Polyphème*. La phase expérimentale, que Vivien était chargé de diriger maintenant, avait débuté il y a un an, et les résultats dépassaient toutes les espérances.

Il existait d'autres *yeux* de ce type sur la Lune, mais sur l'autre face. On les avait baptisés *Brontes, Argès*, et ils ne pouvaient pas voir la Terre ; sans discontinuer, on les pressait de déchiffrer l'énigme du ciel profond. Leur métier consistait à recenser les étoiles et les quasars, à capter les signaux catapultés d'un bout à l'autre du vide, à déchiffrer le charabia des abîmes. Mais avant tout, il leur revenait de ficher les planètes d'autres systèmes solaires et de noter leurs moindres caractéristiques, afin qu'en bas, sur Terre, des savants puissent déterminer si une forme de vie y était apparue, c'est-à-dire si un concurrent de l'homme y avait ou non déjà ouvert des comptoirs et construit des Bourses.

⁂

Le professeur tenait à rester quelques minutes seul dans son bureau. Prendre la parole en public l'impressionnait de plus en plus alors même que, les années passant, il était amené à le faire à un rythme fréquent. Parler ! Jacter, gloser, déblatérer ou jaspiner, les synonymes ne manquaient pas. Vivien avala douloureusement sa salive, se versa un verre et prit un sédatif. Sur les écrans intérieurs, il observa l'amphithéâtre où les autres se rassemblaient. Assista à l'arrivée des bonzes et sentit une pointe d'angoisse. Tous ces individus exemplairement compétitifs, au regard si dur ! Il détourna les yeux, qui butèrent sur sa bibliothèque. N'ayant pu y loger à la verticale tous les rêves faits par l'homme sur Séléné, il s'était cantonné à l'indispensable. Ses doigts effleurèrent *Les États et Empires de la Lune*, de M. Savinien Cyrano de Bergerac, puis l'Histoire *vraie*, de Lucien de Samosate ; ils remontèrent un rayon plus haut vers un roman : *Autour de la Lune*. Verne ! Il avait prévu de faire appel à lui dans son intervention et de se permettre, par ce détour, un soupçon de distance, de recul, d'ironie ou de dissidence masquée, appelons cela comme on veut : « ... cette vaste " mer de la Tranquillité ", où se sont absorbés toutes les fausses passions, tous les rêves inutiles, tous les désirs inassoupis, et dont les flots se déversent paisiblement dans " le lac de la Mort " ». Comprenne qui pourra... Verne avait formulé cette définition cent ans environ avant les premiers pas de l'homme sur cette même mer. Il parcourut des yeux la tribune, où plusieurs de ses collègues venaient de monter. Il aurait déjà dû être parmi eux. Qui comprendrait ? Ox, l'« idéologue », l'initiateur du projet Polyphème ? Hatteras, son véritable concepteur ? À moins qu'Estrella, elle, ne fût sensible à ses arguments ? Où était-elle, d'ailleurs ? Il ne la vit nulle part. Et qu'en était-il du distingué Sandorf, directeur de la base, esprit si brillant, si ouvert au mouvement des idées ? Lui, peut-être... Ou encore cet homme, qu'il n'avait jamais vu de ses yeux, l'invité de marque du jour, haut représentant de l'Europe, le fameux Montague ?

Michel Vivien repensa au titre d'un roman de la fin du siècle dernier, *La solitude est un cercueil de verre*, et aspira ce qu'il put d'oxygène. Ses doigts, continuant leur marche en crabe, à moins qu'il ne s'agisse de gammes, rencontrèrent cet étrange essai qui l'accompagnait depuis des années et qu'il aimait souvent rouvrir : *Les Grandes Conquêtes de l'imaginaire*. Un chapitre entier était consacré à la Lune et plus généralement à l'espace ; c'est celui-ci qui, à l'origine, avait attiré l'attention du professeur. L'ouvrage datait de la fin du XXe siècle. L'auteur prévoyait qu'avec l'exploration du système solaire le champ poétique serait révolutionné. Oui, assurait-il : le vocabulaire analogique, les métaphores qui, depuis l'Antiquité, empruntaient le plus souvent à la mère nature (animaux mythologiques inclus) se libéreraient d'un coup de ce panthéisme étroit pour englober l'univers. De nouveaux phénomènes jusque-là méconnus donneraient sans fin matière à comparaison avec la vie des hommes. L'espace deviendrait le viatique des poètes. Les avant-gardes reprendraient du service. Tout homme en mission quelque part dans le cosmos serait un infatigable jongleur de mots !

Il retourna à son écran. Poétesse, Estrella Mayor ? Poète, Sandorf ? Et que dire de Ox ? Il y avait de quoi rire. Ce que disait ce livre conservait pourtant quelque chose d'éminemment troublant. L'homme ne se regardait plus, ne se pensait plus de la même façon depuis qu'il avait ouvert une serrure sur le vide, accepté de quitter la Terre pour s'installer dans sa banlieue. Mais, entre le raisonnement de l'essayiste et la réalité, un fossé s'était creusé. Quelque part, un paramètre s'était égaré.

Le professeur s'efforça d'inspirer profondément. Devoir s'exprimer devant ses congénères l'oppressait. Ses poumons tournaient au ralenti. À contrecœur, il reposa *Les Grandes Conquêtes*. Malgré ses approximations et ses erreurs de jugement, ce livre le réconfortait. C'était un puits au fond obscur, dont on remontait toujours quelque bonne eau fraîche. Il sortit. Quelques minutes plus tard, il s'installait à la tribune, aux côtés des autres orateurs et face à des paires d'yeux inquiétants.

Peu avant de s'asseoir, le professeur avait franchi la passerelle des hublots, seul endroit de la base qui permettait d'observer directement le ciel et le pourtour du cratère. Il avait manqué de chanceler en cherchant la Terre : elle était suspendue au zénith, comme une boule de Noël. Il s'était accordé quelques instants de silence et de ses lèvres avait dû s'échapper le mot *enterrer*. Vivien avait repensé au cimetière adjacent à la base, encore vierge, et où, mission après mission, pour que les hommes d'ici ne deviennent pas fous, on avait déversé de la terre d'Europe. Non, pas encore. Il ne faut pas, murmuraient ses lèvres. Et un autre mot fleurit sur elles qui ressemblait à une fleur aux pétales d'azur minuscules : *Myosis*. Il était resté là à considérer la Terre, se demandant combien d'humains venaient d'y naître durant la dernière minute, ou combien venaient d'avoir le coup de foudre pour une âme sœur. Combien d'écrivains venaient de remonter une perle du fond de leur esprit et combien d'amitiés venaient d'y être scellées. Sur les rebords de l'Asie il était minuit, heure de pointe chez les poètes. Dire que ça tournait... Il aurait aimé prendre la Terre dans ses bras et jouer de la harpe avec les méridiens, écouter quelle mélodie pouvait en naître, autre qu'un chant de douleur.

Maintenant, sur l'estrade, il laissait son regard errer parmi les personnalités, dans le brouhaha. Tour à tour, il vit Ox et ses yeux vipérins, Hatteras, jeune surdoué que l'Europe avait acheté à prix d'or à la NASA. Au centre de la tribune siégeait ce Montague à l'air sombre, qui ne lui disait rien qui vaille, mais que la science mondiale portait aux nues pour ses travaux dépassant le *modèle standard* et sa tentative d'unification des forces fondamentales et des particules élémentaires, liée à la théorie des *supercordes*. On disait qu'il était allé plus loin que tous les autres, bien plus loin, dans sa quête du constituant ultime de la matière, dont les vibrations expliqueraient, selon lui, le fonctionnement de tous les médiateurs de force, y compris la gravité. Personne, conjecturait-on, ne serait en mesure de le rattraper avant dix à quinze ans. Montague et les cellules de pointe de son cerveau étaient parvenus là où aucun confrère ne pouvait les suivre. On se consolait en pensant qu'il entrait dans cet âge où l'activité du cerveau ralentit, où la mémoire ne sait plus guère ouvrir les coffres-forts des souvenirs, égare les combinaisons. Par jalousie, on cherchait à le prendre en défaut sur un aspect annexe de son système, beaucoup plus abordable, notamment, se souvint-il amusé, sur ce qui touchait aux *bosons* et aux *fermions*.

C'est à ce moment-là qu'apparut Estrella Mayor, en retard. Étrange, se dit Vivien. Elle, si ponctuelle d'ordinaire. La vue de son visage ranimait en lui un instinct vital qu'il croyait en pleine hibernation. Ce n'était pas sa beauté ; certains la disaient tantôt laide, tantôt très attirante. C'était quelque chose d'infiniment personnel, impossible à saisir. Un alliage secret. Si on ne cessait de la regarder, on devait rester immortel, ne jamais trouver le temps de périr, ironisait

Vivien. Mais il se surprit à ne pas éprouver, cette fois-ci, son trouble habituel, et tressaillit. N'ayant pas à intervenir, elle avait pris place au premier rang. Ainsi, il pouvait la voir de près. Quelque chose s'était altéré sur ses traits, mais il ne parvenait pas à déterminer quoi. Il restait interdit. Il aurait aimé interroger son voisin, mais nul, à part lui, ne pouvait avoir remarqué quoi que ce soit. Il fallait avoir fréquenté Estrella Mayor au quotidien, dans la colère et l'insouciance, l'extase et le travail pour que l'attention soit en éveil. Pris isolément, ses yeux, ses lèvres, ou encore son front paraissaient ne pas avoir changé. Mais ensemble, ils ne composaient plus tout à fait le même visage, comme si on avait été en présence d'un sosie presque parfait. Était-ce le mal de Lune ? Ou était-ce cette ombre qui descend sur vous à l'improviste, ici, et disparaît quand bon lui semble ? Une ombre, légère... C'est bien tout ce que, dans les milliers de mots de son champ lexical, Michel Vivien trouva pour caractériser la nature de ce changement ténu.

Trois quarks pour un proton

La Lune grandissait rapidement sous les yeux du docteur Montague. Ce camp de base au pied de l'univers se résumait à une surface grise sur laquelle un guichetier frappé de démence avait donné des coups de tampon en veux-tu en voilà, de diamètres prestigieux, dont la poussière gardait l'indélébile empreinte. Montague s'approcha du hublot. La caravelle perdait de l'altitude à une vitesse folle. Le sol, qu'il distinguait avec plus de netteté, ne présentait guère d'aspérités. Les campagnes de la Lune étaient tristes. Elles avaient la peau calleuse. On aurait dit un de ces terrains vagues où des foules d'indigents érigent des bidonvilles du jour au lendemain. L'engin cessa de descendre et rasa ce monde en orbite basse. Le cœur de Montague s'accélérait. Pour la première fois, il allait poser pied sur ce qui, depuis un an, était sa chasse gardée. Et il murmura à part soi son titre ronflant : directeur général de l'Agence européenne pour la Lune. Il apercevait une « mer », toute cabossée et vérolée de petits cratères. Dans le jargon lunaire, on disait craterlets, et il se le répétait. Tout lui paraissait incroyable. Bientôt surgirent des pics, comme si, pressentant un danger, la mer s'était hérissée d'un chemin de ronde. « Les Apennins ! » rugit le pilote pour dominer le vacarme. Les ombres étaient sans commune mesure avec celles qui s'étiraient péniblement à la surface de la Terre, même au crépuscule. Comme une pieuvre pourchassée, ce monde crachait derrière lui des ténèbres et des ténèbres.

Alors commença la dernière phase de la descente, à la hauteur du cirque Ptolémée. Montague était frappé par l'imbrication des cratères. Cratères gigognes... En était-il ainsi jusqu'à chaque roche, chaque atome de chaque roche lunaire ? Chaque proton de chaque noyau était-il criblé, ainsi de suite jusqu'aux quarks ? Ses pensées un peu trop enclines à la surchauffe, il préféra en rester là. Le pilote hurlait de nouveau. Au large d'une vasque noire s'ouvrait le cratère où nichait la base : Herschel. « Vous voyez ces monts gris près du centre ? C'est là, à leur pied ! » Ils semblaient poreux, immatériels. Et tout à coup, au détour de ces collines apparut un archipel de dômes blancs. C'était la base. Loin d'elle, des remparts en gradins marquaient le pourtour du cratère. On aurait dit qu'ils avaient été installés pour des postérieurs de géants et qu'on allait donner un spectacle barbare.

Montague frémit. Instinctivement, il venait de repenser aux amphithéâtres romains avec, au lieu d'un troupeau de coupoles, des crucifiés.

L'alunissage lui ôta ces pensées sombres. « L'ombre arrive, disait le pilote au copilote. OK, descendons à 3'53. Descendons à 4. Donne-moi une poussée. Reviens un peu. » Une surface grumeleuse se rapprochait. Loin de là, une lueur argentée frisait les sommets de ce qu'il était bien obligé d'appeler un paysage. « OK, 2 maintenant », reprenait le pilote. La base se manifesta : « Préparez-vous au contact. Laissez-vous descendre et remettez-vous à niveau. Descendez... OK, encore 6 pour 100... Vitesse 20... Contact ! Stop ! Voilà ! »

Montague et sa délégation avaient atteint la Lune. « Ne bougez pas, restez attachés », continuait la base. En quelques secondes, le sol s'enfonça et se referma sur eux. La piste d'alunissage venait de glisser dans les profondeurs de la base. Alors seulement, ils purent émerger de leur bathyscaphe et entrer dans le sas. Au bout de plusieurs minutes, il s'ouvrit et un hangar immense apparut. Plus de surface lunaire. Avaient-ils rêvé ? Trois personnes au sourire de circonstance venaient au-devant de Montague. Il les connaissait bien, très bien, de réputation : le vieux Sandorf, la brune et latine Estrella Mayor, et Ox, l'impénétrable. En bas, sur Terre, on les présentait comme la sainte Trinité de la base. Qui en était le Saint-Esprit, qui Dieu et qui Son Fils, nul n'aurait su le dire. Le physicien voyait davantage en eux les trois quarks fondamentaux qui constituent tout proton : un bleu, un rouge, un vert. À eux trois, ils étaient le noyau et la charge positive de la base ; autour d'eux tout n'était qu'électrons. Sandorf, le plus âgé du trio, lui serra chaleureusement la main. Les deux autres firent de même, mais durant les présentations, ils restèrent en retrait. « Les horaires ont été calculés au plus juste, cher maître. La conférence doit débuter dans deux heures environ. Je suppose que vous avez été mis au courant de son déroulement ; plusieurs intervenants, dont moi, vous précéderont, comme convenu. Il vous reviendra de prononcer le discours majeur de ce moment si attendu. Soixante ans... Les délégués des bases chinoise, indienne, japonaise, russe et américaine sont déjà là. Nous allons vous conduire à votre chambre... »

Montague considéra avec compassion Sandorf, qui aurait pu être son père. Combien de fois l'avait-il croisé sans qu'ils se disent un seul mot, il y a des lustres, à l'institut Max-Planck et dans combien d'autres lieux ? Des trois sbires venus à sa rencontre, il paraissait, comment dire, le plus humain. Pourquoi même du haut de sa fonction directoriale Montague avait-il encore peur des hommes ? Pourquoi ne commençait-il pas enfin à se sentir moins mal à l'aise ?

La chute des satellites

Le brouhaha retomba d'un coup de baguette magique. Avec la lenteur inhérente à sa fonction et à son âge, Sandorf montait à la tribune. « Qu'il a l'air fatigué… », murmura-t-on à la droite de Michel Vivien, comme parlant d'un pape traqué par des caméras. Le professeur ne prêta qu'une attention distraite au discours convenu du directeur de la base. Cette ombre dans les yeux d'Estrella l'intriguait. Un mot rôdait, bourdonnait même dans sa tête avec l'insistance d'une mouche bleue : rupture. Pouvait-il ne s'agir que de cela ? « … J'avais douze ans, exactement, lorsqu'un homme marcha sur la Lune pour la première fois. Je me souviens très bien de la longue nuit du 21 juillet 1969, où, à l'écoute de la radio, toute la famille… Soixante ans, jour pour jour, nous séparent maintenant de l'œuvre pionnière d'Armstrong, Aldrin, Collins. Nous sommes ici réunis non seulement pour honorer la mémoire de ces héros, mais... » Sandorf contenait mal son émotion. « Houston, ici la base Tranquillité. Eagle s'est posé ! » beuglait le vieil homme en revivant ce moment d'histoire. Mais Vivien ne l'écoutait pas. Pour des raisons qu'il ne cernait pas très bien, il était rempli d'aise à l'idée qu'Estrella le voyait, qu'elle allait l'écouter en attendant leur rendez-vous du soir dans le jardin européen et qu'alors, peut-être, son front soucieux livrerait ses mystères.

Un moment plus tard, Montague prenait au micro la place de Sandorf, de Vivien et de ses successeurs, et le ton changeait brusquement. Sa voix, peut-être parce qu'elle montait directement de la Terre, était sûre d'elle, cassante. Elle avait rarement dû être interrompue, encore moins contredite. Quelques formules balayèrent les propos des orateurs précédents. « Nous avons largement rendu hommage à la première génération des pionniers : aux Aldrin, Armstrong, Sheppard, Gagarine (on eût dit que de prononcer ce dernier nom lui écorchait les lèvres. Un Russe ! Un moujik... Un rouge ! Un dévoreur d'enfants !). C'est à vous maintenant, à votre génération, que je souhaite m'adresser sans détour pour vous transmettre le message de l'Europe. Il y a encore fort peu de bases sur la face visible de la Lune (et son regard se posa rapidement sur les représentants indiens, chinois, russes et autres, pour vérifier qu'ils ne tiquaient pas) et la nôtre est un fer de lance dans plusieurs domaines. En quelques années, vous avez développé une industrie autarcique qui vous permet d'extraire oxygène et hydrogène du sol, d'être autosuffisants en combustibles. Grâce à votre activité pionnière, la Lune palliera les manques de l'Europe en minerais, en matériaux aux particularités extraordinaires ; je pense à ce verre exceptionnellement dur qu'on obtient exclusivement ici, grâce à un sable exempt d'eau. Toutes les usines de la Terre en sont friandes. Avec ce verre, tout peut être fabriqué, même des routes. Bientôt, également, la Lune alimentera la Terre en énergie propre. Les panneaux de cellules photovoltaïques que nous commençons seulement d'installer capteront quinze jours par mois les rayons solaires et les enverront ricocher vers la Terre transformés en énergie électrique. Dans tous ces domaines, il nous faut rester à la pointe. Comprenons-nous bien : le sol lunaire est notre Eldorado, un Antarctique qu'aucune loi ne nous empêchera de forer. À l'Europe de s'y attaquer. La Lune est vaste ! Elle est notre sixième continent, et puisqu'elle appartient à tous, chacun peut en tirer profit (il eut un regard diplomatique pour les Indiens, Chinois et autres Russes sagement assis, qui réagissaient en écoutant une traduction cahoteuse et parcellaire, sursautaient ou souriaient avec un décalage de plusieurs secondes, quand Montague volait déjà vers un autre sujet).

« Et deuxièmement, exultait-il tandis qu'Indiens et Russes étaient encore aux prises avec des montagnes de verre et de minerais, la Lune a pour nous, Européens, une autre vocation, nous dont le continent est géographiquement le plus petit. De la Lune, nous pouvons voir l'Europe et la Terre. D'ici, nous pouvons détecter à temps les tempêtes solaires, prévenir les dérèglements électromagnétiques, anticiper la collision d'une météorite avec la Terre et procéder à sa destruction. Et surtout, de notre base équatoriale de Herschel, nous pourrons à merveille établir des prévisions météorologiques à long terme pour l'Europe, bénéfiques pour les récoltes, surveiller le réseau routier, la navigation, le ciel et la circulation des masses d'air, des dépressions, connaître l'avenir avec une profondeur de champ inégalée... Et je vous laisse imaginer la manne que pourrait représenter la perspective de séjours touristiques sur la Lune ! Des quidams venant observer la Terre, leur quartier, leurs voisins, leurs femmes à l'autre bout des instruments... Ce gigantesque projet d'observation est notre nouvelle frontière. Il reçoit l'adhésion de l'Europe entière ; j'en veux pour preuve neuf nouveaux sondages, qui, la semaine dernière, encore... »

Vivien avait cessé de suivre la traduction française. Il avait réglé son écouteur sur la version chinoise, mélodieuse et sensuelle, pincée comme un chant de vierges et surtout, totalement incompréhensible. Car tout ce qu'on lui avait laissé entendre de plus noir, tout ce qu'on lui avait décrit des projets de stations d'espionnage se confirmait. Il était l'un des rares à savoir à quel point, en utilisant les télescopes en interférométrie, ce qu'on voyait de la Terre était proche et net, à en avoir peur. Ils étaient quelques-uns, avec Sandorf, Ox, Hatteras, à profiter des premières performances de l'Œil, dans un état de malaise étrangement ambigu. Et il ne cessait d'entendre la voix de Ox (dont la dialectique consistait à vendre un atout pour occulter dix périls), cette voix lui répétant : « Avec l'Œil merveilleux dont vous affinez la vue jour après jour, vous pourrez observer votre enfant jouant dans la cour de l'école, Vivien, n'est-ce pas ? Comme si vous y étiez, à les toucher. Et votre femme, pardon, votre ex-femme... » Heureusement pour lui, il s'arrêtait toujours avant de dire : « À la toucher... » De fait, profitant de la conjonction d'un angle favorable, d'une nébulosité nulle et d'un moment libre pour régler les télescopes à sa guise, Vivien avait vu, oui, il en avait eu la berlue, Allan courir entre les tilleuls de la cour. Stop ! faillit-il hurler. Il s'aperçut à temps que Montague en avait terminé depuis quelques instants de son discours et que la salle avait éclaté en applaudissements à l'exposé des Tables de la Loi. L'assistance se débandait dans le même brouhaha qu'au début, à croire qu'on passait un film à rebours. La seule personne dont il aurait aimé sonder l'âme était Estrella mais curieusement, elle avait déjà quitté les lieux. Son regard buta sur une jeune femme au ventre semi-sphérique qui ne parlait à personne, occupée qu'elle était à fabriquer ce petit satellite d'elle-même qui tournerait longtemps autour de ses jupons avant de faire ce qu'on appelait sa vie.

Vivien regagna directement sa cellule. Sa brève intervention à la tribune (combien de temps avait-il tenu ? Dix minutes ?) l'avait vidé et ce n'est que maintenant, en réécoutant mentalement ses phrases, l'une après l'autre, en les passant au hachoir du dénigrement, qu'il éprouvait la sensation pénible d'avoir été le complice de quelque chose. Il ne s'était pas attendu à une telle arrogance, à un tel ton de menace de la part de Montague. Vivien fit le geste de prendre des notes dans ses carnets pour y épancher un peu de son âme mais remarqua que l'heure du journal télévisé du soir approchait en bas, en Europe, et alluma.

⁂

Belle et si banale journée d'été dans ce recoin de l'univers. Accidents de montagne dans le massif du Mont-Blanc, orages exubérants dans le Midi toulousain, évacuation de campings dans une vallée pyrénéenne et interdiction de la pêche aux crustacés de Carantec à Trégastel. Sur la côte varoise, une canicule brunissait des alignements de seins nus. Il repensa fortement à eux deux, *en bas*, comme on disait ici, et murmura les prénoms de son ex-femme et de leur fils : Anouck, Allan. Les vendanges s'annonçaient exceptionnelles si d'ici là la grêle, continuait la radio quand, soudain, une nouvelle fit accélérer les battements de son cœur. Sur un ton volontairement désinvolte le speaker annonçait que pour la troisième fois en deux ans un satellite d'observation (c'est ainsi qu'on désignait les satellites-espions) était tombé en panne et avait déserté son orbite. Sous l'emprise de la pesanteur, il allait s'abîmer dans le Pacifique. Vivien augmenta le son, puis le baissa aussitôt de peur qu'on n'écoute de l'autre côté. « L'hypothèse d'un attentat n'est pas exclue. Aucune revendication n'est pour l'instant parvenue aux médias. » À ce moment-là, le téléphone sonna. C'était elle. « Je vous attends à la fontaine, dans un quart d'heure ? » Michel Vivien n'acquiesça pas, mais ne refusa pas. Il fit entendre un petit son qu'elle connaissait et savait traduire, comme émanant d'un bambin qui bredouille ses premières syllabes. Rien ne semblait avoir altéré la voix d'Estrella Mayor. L'esprit confus, il soupira. Encore une fois, il avait dû se faire des idées. Bientôt, il fut tout à la perspective de la revoir et de la tenir, et en oublia l'impression singulière qu'il avait eue dans l'amphithéâtre où les projecteurs, il est vrai, se disait-il jusqu'à s'en convaincre, découpent sur les visages des contrastes à vous rendre méconnaissable.

Le blues et la planète bleue

En pénétrant sous la verrière du jardin d'Europe, le professeur comprit à quel point ils avaient de la chance. De jour, le globe de verre aurait été soigneusement saupoudré de régolite pour faire barrage aux rayons mortels. Mais les cérémonies se déroulaient pendant la nuit lunaire, à ciel ouvert. Le croissant de la Terre, grossi par le verre de loupe de la voûte, ouvrait une large virgule entre les points de suspension des étoiles les plus vives, juste au-dessus de l'horizon. Le jardin avait été conçu en terrasses, et des sentiers dallés d'ardoise conduisaient de l'une à l'autre. Les pas convergeaient tôt ou tard vers une clairière centrale où étaient donnés les fêtes, les cocktails ou les concerts. Et le jardin avait reçu la forme d'un navire dont la coque renversée, transparente, fendait sans bruit le ciel. Les cales de ce vaisseau étaient plantées d'essences de toute l'Europe : Balkans, façade atlantique, zones alpines. Chaque biotope avait ouvert un consulat botanique où les hommes venaient autant voir que sentir. Ces deux sens rassasiés, ils s'en retournaient apaisés en se répétant : Maintenant tout va, tu vas tenir, tu vas mieux te tenir. Un abcès venait de crever dans leur esprit et le pus s'écoulait des nerfs malades, enfin.

L'endroit qu'il préférait de loin longeait la verrière sous une épaisse couverture végétale, en s'enfonçant peu à peu pour permettre à un ruisseau de déposer de petits miroirs entre les roches. Ce gargouillis d'eau qui coule sans cesse lui faisait monter les larmes. Il aborda le jardin par ce lieu qu'on appelait *Les Ravins* puis remonta sous un tunnel de mélèzes.

« Regardez-la ! murmurait Estrella quelques secondes plus tard en le surprenant près de la fontaine, sous un charme pleureur. Elle nous fait le coup du clin d'œil, aujourd'hui. Elle s'est refermée comme une pupille de chat et nous dit : Faites ce que vous voulez. Je ne vous observe pas, ou si peu, allez-y.

— Vous avez raison, répondait-il, et il l'enlaçait, consentante. Lorsqu'elle est pleine, la Terre est effrayante. Cet œil braqué sur vous des heures durant. Avec, partout dessus, neuf milliards d'humains. Et vous ne pouvez rien faire contre la curiosité de cet œil... » Tout en lui parlant, il la détaillait. Rien ne paraissait avoir changé en elle maintenant qu'il la voyait de près, sans que des projecteurs forcent le trait. Mais.

Qu'y avait-il donc ? Il n'avait décelé aucune de ces petites rides révélatrices d'un état d'épuisement. Aucune crispation des traits annonciatrice de tensions. Pourtant, son impression initiale demeurait, alors même qu'Estrella rayonnait. Elle rayonne différemment, songea-t-il. Voilà : mécaniquement, comme animée à distance. Elle est ailleurs, une partie d'elle-même a fui à des lieues d'ici. Une liaison, enchaînait son esprit. Une autre liaison. On dit que les femmes ont un visage, un masque différent pour chaque amour. Tout était comme avant, mais. Il restait ce petit mot, conjonction enracinée comme une verrue au bout de ses phrases. Il aurait pu l'interroger, la contraindre, elle avait toujours la citation de rigueur dans ces moments : « Je suis à la recherche du mot, de la formule qui permettrait de tout saisir, mon anxiété, mon envie de vous et la Terre et la Lune, ici et en bas, la peur du lendemain et le garde-fou des souvenirs, l'appel à témoins pour savoir qui j'étais, et tout le reste bien sûr. »

Elle se libéra brusquement de son étreinte. « Mieux vaudrait vivre sur la face cachée, maugréa-t-il. À l'abri des ondes. Pleine, elle est insupportable. Quand la Terre se lève, je pense au casque réséda d'un fantassin qui émerge d'une tranchée. S'agit-il de voir la Terre que nous avons quittée la veille ? Ou l'espace, comme le ressort infatigable d'un flipper, a-t-il propulsé une nouvelle boule ? Alors vous la regardez, sans cesse. Vous savez pourquoi l'essentiel de la base est enterré sous trois mètres de régolite ?

— Pourquoi cette question ? Les rayonnements ultraviolets, le vent solaire ?

— Oui, bien sûr. Et non. C'est pour se couper symboliquement de la Terre. Sinon elle vous obsède. Vous ne pouvez plus vous détacher d'elle. Une tête de guerrier dont l'esprit engloberait tout à la fois celui d'Eschyle et d'Einstein, d'Aristote et d'Aristarque... Dont la mémoire emmagasine tout et ne gomme rien. Nous ne cessons plus de l'observer. Parce que ici nous ne sommes plus tout à fait des êtres vivants. Nous avons un autre label. Pour ceux de la Terre, nous sommes au ciel. Et nous les observons comme si nous avions été faits anges ou âmes en peine. Il nous manque quelque chose pour vivre normalement. L'air, l'eau, je ne sais pas. Nous avons déjà perdu la Lune, Estrella. Nous singeons la vie. Nous avons besoin de voir la Terre au-dessus de nous comme les vieux de regarder cent fois par jour leur vieille pendule et son balancier.

— Vous n'avez jamais eu envie d'aller sur l'autre face ?

— J'aimerais diablement, oui. L'Europe a des projets là-bas, dans je ne sais quelle zone. Au fond, c'est le premier véritable belvédère sur le vide.

— On dit qu'on n'y tient pas longtemps... L'esprit n'a pas été conçu pour oublier la Terre. Des scientifiques ont fait l'expérience de comparer un séjour sur la face cachée à un hiver en

Antarctique. Les relations humaines se tendent vite, dégénèrent, pourrissent. Oui, l'écoute des confins, le départ des caravelles de l'espace, ça leur permet de tenir un certain temps, mais ils suent rapidement le vice, tous, ils puent les monomanies, survivent en déséquilibre mental permanent. La moitié d'entre eux bouffent des psychotropes à longueur de journée pour trouver le sommeil la nuit. Il n'est pas rare qu'il faille les rapatrier d'urgence face à la Terre. Ici, au moins, nous avons vue sur elle, par intermittence, et nous avons construit ce zoo pour humains avec des arbrisseaux, un ruisseau, une fontaine rien que pour nous. Il n'y manque qu'un trapèze, une corde à nœuds, et du foin.

— N'oubliez pas notre cimetière en terre d'Europe.

— Couvert de gazon, face à la Terre. Idéal pour les ébats.

— Vous aimeriez qu'on s'y retrouve ?

— J'ai déjà vécu cette expérience. Merci.

— Et alors ?

— Alors ? Non merci, Michel.

— Je voulais dire, comment était-ce ? »

Elle ne se fit pas prier pour répondre, un sourire en coin, perverse à souhait comme chaque fois qu'elle se plaisait à détailler ses aventures dans l'espoir de rendre fou l'adversaire. « … Le gazon entre les tombes, à l'heure où le cimetière est fermé, pendant que la Terre est au zénith et que là-bas, sur Terre, des promeneurs du soir vous matent, et des marins, des gardiens de phare, des astronomes, un tas d'hommes qui avaient été mes amants et levaient les yeux en me sachant ici... Et votre peau verdie d'herbe écrasée, c'est du luxe ici, la douceur dans la volupté... »

Vivien eut un geste d'agacement. Il regrettait d'avoir posé sa question. La conversation tangua, vira de bord au plus vite.

« Comment avez-vous trouvé ce Montague ? »

Comme il n'obtenait pas de réponse, il réitéra sa question, bien plus bas car de petits groupes déambulaient autour de la fontaine. « Montague ? » Elle intercepta ce mot comme une balle au bond. « Pas mal bâti. Un peu âgé à mon goût, mais le regard dur comme je les aime... » Vivien fit mine de sourire et, d'un hochement de tête, voulut l'inviter à se livrer.

« Son discours était brillant, n'est-ce pas ? concéda-t-elle enfin. Il a tracé des voies, posé des jalons... Nous savons exactement pourquoi nous sommes là, nous savons qu'il y a fort à faire si nous voulons dépasser nos voisins. (Sous les petits chênes, les cèdres et autres essences importées d'Europe il y a une dizaine d'années bavardaient les délégués des autres bases : des Chinois d'Ératosthène, un banc de Japonais, des Américains de Ptolémée, des Russes, des Indiens. L'humanité avait reconstitué ici une arche de Noé dont les locataires moutonniers, avides de s'épier, cultivaient la promiscuité avec passion.) La Lune, continuait Estrella sans qu'on l'eût priée, notre arme pour sortir de la crise.

— La belle affaire ! Chaque nation s'installe ici et croit pouvoir devancer l'autre. Vous avez remarqué à quel point l'économie occupait la part du lion dans le discours de Montague ? Nous sommes là, à trois cent quatre-vingt mille kilomètres de l'Europe, dans l'éther, immergés dans la poésie, et lui, à peine arrivé…

— Vous voyez le loup partout, comme tous les pessimistes de grand chemin.

— En fait, ce n'est pas sur cet aspect-là que j'aurais aimé vous entendre parler de Montague…

— Mais ?

— À propos de l'Œil.

— Oui ?

— Je vous demandais une opinion. Une opinion, Estrella, si vous savez encore… » Puis il s'arrêta net et la fixa. Sa maîtresse n'était pas belle au sens où l'époque l'exigeait. Mais elle avait un charme rare, conçu pour quelques hommes seulement dont Vivien, et ce charme réveillait en lui un goût de vivre qu'il avait cru mort. Elle me transporte trente ans en arrière, pensait-il, sur les collines que j'avais la force de gravir en pleine chaleur pour voir ce qu'il y avait de l'autre côté. Elle a la magie de mes premières montagnes. Est-ce tout ? Il se souvint des débuts de leur relation, et ce moment où, après avoir couché avec elle, il lui avait glissé à l'oreille : « Je me souviendrai toujours de cette nuit à vos côtés, Strellita. » Elle était partie d'un fou rire paralysant, rocailleux, qui s'était dissipé en tout petits éclats, et elle avait fini par faire cette réponse : « Une nuit (lunaire) dure quinze jours, Michel. Ne demandez jamais à une femme de passer la nuit avec vous, cela relèverait de l'exploit olympique ou d'une saison en hibernation... »

Elle avait maintenant retrouvé un sourire impassible. *Impératrice de Chine*, songea-t-il. *Ou Néfertiti... Des bathyscaphes explorent les abysses, on fore les glaces antarctiques et on catapulte des sondes vers Pluton, mais pour ce qui est de vous et des méandres de vos pensées, Estrella, bernique. Le genre humain reste désarmé. Aucun capteur, aucun sonar ne permettra jamais de repérer quoi que ce soit d'authentique en vous. Un Dédale épris de sincérité finirait fou dans votre labyrinthe*. Depuis combien de temps Vivien ruminait-il ces phrases qu'il ne dirait jamais ?

« ... L'Œil ? répondit-elle beaucoup trop tard. Mais il est là pour qu'on voie, de plus en plus nettement ! Pour que l'homme se connaisse mieux, s'étudie mieux, chaque jour un peu plus. Et pour développer ce projet nous disposons d'une ligne de crédit illimitée. De quoi pourrions-nous nous plaindre ?

— Oh ! je ne me plains de rien. Vous avez si parfaitement raison. Mais j'imaginais à l'origine que notre travail sur la Lune prendrait un tour plus... humaniste. Je sais, ce mot ne signifie plus rien. Je pense pourtant à ces centres de thérapie pour dépressifs qu'ont mis en place les Américains au fond de Ptolémée. Quelques heures d'exposition face à la Terre, chaque jour, comme les phtisiques sur leurs balcons. L'esprit le plus fragile se reconstitue ici en un rien de temps. Au bout de quelques semaines, vous ne pouvez plus le tenir. L'ivresse à la vue de la Terre est telle qu'il veut reprendre sa vie là-bas sous un ciel bleu ou dans des villes où il pleut, neige, vente, qu'importe. Pourquoi avons-nous déjà enterré un tel projet, ici ? Celui-ci, et tant d'autres. Pourquoi cette frénésie de voyeurisme s'est-elle emparée de nous... Mais je vois que je vous ennuie ferme ce soir, Estrella. Laissons cela, oui, vous avez tellement raison... »

Il l'embrassa, l'enserra progressivement. Elle était ferrée. Elle n'opposerait aucune résistance. Voilà qu'elle se collait à lui, leurs deux silhouettes attirées l'une contre l'autre comme le fer et l'aimant. Il voulut se dégager avant qu'on ne les remarquât trop, lui proposer de fuir ces lieux surpeuplés mais elle fut plus rapide. En le rejetant doucement, elle suggéra : « Allons jouer, Michel, voulez-vous ? » Qui donc était le fer, et qui l'aimant ? L'expression *poigne de fer* n'avait jamais eu cours entre eux : le métal cédait toujours le premier.

⁂

La bille d'ivoire ricoche et pénètre dans l'enclos et tourne et tourne et tangue de case en case pendant des secondes infinies. Cercle magique. Alors qu'elle va opter pour une case elle repart, hésite, fait mine de reculer, franchit trois cases vers l'avant, jaune, bleue, rouge, recule bleue avance rouge, puis verte, tangue, oui, non, tangue, verte oui, finalement. Où est l'avant, l'arrière ? Tergiverse entre deux pôles magnétiques, tend les nerfs de la salle comme des cordes de chapiteau. Prisonnière, la bille fait mine d'hésiter encore, parodie le libre arbitre sans être dupe un seul instant, son destin est bel et bien scellé. Elle ne sortira plus de la case bleue sans avoir vidé des poches pour en remplir d'autres. « Bravo, murmure Vivien. Combien raflez-vous ? Mille, deux mille ? »

Elle ne répond pas. Il aime la dévisager de profil quand la bille se stabilise, annonce la chance ou la déveine ; elle ne cille ni ne sourit, ni ne soupire. Ce qui arrive lui était dû. C'est pour ça qu'il aime l'accompagner ici. Jamais ils ne misent sur la même couleur. Propulsée par l'embout de cuir la bille repart, zigzague. Estrella s'autorise un sourire imperceptible, un battement de cils. Puis reprend son masque impérial : teint de porcelaine, lèvres pâles. Un soir, la bille prise au piège de l'étoile lui avait rapporté vingt-quatre fois sa mise. Elle avait attendu qu'une croupière à demi nue vînt lui remettre une montagne de jetons. Vivien ne perd rien pour attendre. Si, dans les heures suivantes, Estrella se laisse attirer dans son lit, ses traits, à quelque moment de leurs ébats, se tordront d'un excès de plaisir. C'est son déshonneur. Elle ne sait comment résister aux marées du désir. « Rien ne va plus. Surveillez vos masses... » Il n'y aura plus d'impératrice. Il l'observe. Depuis qu'ils ont commencé de jouer, ce sentiment d'éloignement triste, cette ombre sur son visage se sont évanouis. L'alerte est levée. Pour combien de temps ? Il soupire. Soudain, elle jette un regard par-delà la verrière, consulte la Terre et s'exclame : « Regardez !

— Qu'y a-t-il ?

— Je n'ai pas vu le temps filer. Deux heures déjà... J'aimerais repasser au cocktail. Croiser deux ou trois personnes.

— Partons, si vous voulez. Nous avons déjà perdu beaucoup de temps ici... Faisons un crochet par ma chambre, d'abord ?

— Michel, non, pas aujourd'hui, laissez-moi... »

Bien sûr il avait été tenté de la tutoyer, parfois. Mais il avait aussitôt compris que l'intimité conquise en deux mois se volatiliserait en un clin d'œil. « Dans ce cas, je vous rends votre liberté. Allez. Courez à vos mondanités ! Minaudez, coquetez. Je ne vous suivrai pas. Le monde m'épuise lorsqu'il me demande de faire des efforts et de m'adapter. Je ne veux plus passer ma vie à m'adapter. J'ai perdu toute ma jeunesse à ça, à courir après des illusions vite dépassées. Je vais aller me coucher, écouter un peu la Terre. Et dormir. »

Il longea la façade ouest de la verrière. Le clair de Terre était splendide, plus réussi que la veille. Demain matin, si rien ne change il sera facilement possible d'éblouir Montague, songea-t-il. De la lisière ouest, on distinguait les parois du cratère. Trois mille cinq cents mètres de roche en gradins, barrant l'horizon. Il repensa aux Pyrénées quand le ciel était pur et qu'on les voyait de loin par un froid d'hiver. Après avoir allumé la radio, il plongea dans sa couche. De la même façon qu'un métronome va et vient, une sentinelle au pas régulier restait à l'affût dans sa tête. « Le signal sera envoyé pendant les cérémonies du soixantième anniversaire », lui avait-on certifié sans plus de précision, avant le départ. Maintenant, il attendait qu'une marée montante le remette à flot. Et si la mer s'en était allée pour toujours ? Avec un tel déploiement de sécurité autour de Montague et des personnalités attendues, il n'y avait guère de chances que l'opération... À moins que, l'attention se tournant vers eux, les mesures de sécurité ne subissent un relâchement sur les sites annexes... Avec ce ballet de cérémonies, conjectura-t-il, l'événement n'aura que plus d'éclat. Montague n'était que le premier d'une série qui, dans les jours à venir... Le vice-président des États-Unis d'Amérique, le Premier ministre de Chine, le ministre nippon de la Recherche et des Sciences, le directeur du programme spatial indien, le Premier ministre russe, un aréopage d'Européens... Oui, que plus d'éclat. Et bien qu'en lui certaines idées fussent fermement ancrées qu'il entendait défendre, il se laissait aller à l'inquiétude. Pour préserver des résidus de liberté, il allait introduire sur la Lune ce qui n'y avait jamais eu cours : la lutte de l'homme contre lui-même au nom d'une certaine idée de l'homme et de son avenir ; comme toujours.

Sa chambre n'étant que l'appendice d'un réseau de galeries à plusieurs mètres de la surface, il alluma l'écran. Le clair de Terre apparut, filmé par un télescope extérieur. Il mit un disque de blues et regarda son vieux continent poussé vers la nuit. Une paupière se refermait sur la pupille bleue. Dans l'ombre, invisible, Sisyphe roulait cette gigantesque boule de terre et de chair humaine, de rêves et de malheur vers le soleil, mais à chacune de ses tentatives elle retombait dans la nuit. Il suait à grosses gouttes dans ses ténèbres. Michel Vivien repensa encore à son fils, à son ex-femme, au temps où ils vivaient ensemble. C'était une famille. Repensa aussi à l'Organisation, au signal qu'elle était censée émettre. Il n'y croyait plus. Des formules creuses tintèrent au fond de lui : heure de gloire, dernière heure, heure H. Non ! Le temps n'existait pas sur la Lune, pas dans son acception terrestre. Demain, peut-être, et il rumina ce mot étrange : demain. Pour des commodités de communication avec la Terre, la base Europe avait pris l'habitude de dormir pendant la nuit européenne et de s'activer dès qu'à Londres ou à Paris les premiers réveils sonnaient, les toits pâlissaient. Les autres bases s'étaient mises également à l'unisson de leurs pays respectifs. Alors que quelques dizaines de kilomètres seulement séparaient les stations humaines sur la Lune, il était difficile d'entrer en communication avec les

Chinois d'Ératosthène ou les Américains de Ptolémée sans déceler à l'autre bout du fil quelque bâillement profond ou soupir éberlué. Sur une zone qui, terrestrement, aurait logé entre Lisbonne et Istanbul, on ne comptait pas moins de douze fuseaux horaires.

Vivien sentait ses yeux se fermer. Pendant son sommeil, l'écran restait allumé, à l'exception des nuits où Estrella venait. Il laissait un de ses morceaux préférés passer en boucle : *After Midnight* ou *Moonlight Serenade*. Ses yeux clignaient d'épuisement. Du Jutland à la Vénétie, une ombre pantagruélique dévorait les terres. Des villes, des plates-formes pétrolières et des phares s'allumaient. Il ne savait guère s'il était entré dans les rêves ou s'il apercevait bel et bien ces fils et toiles de lumière. Dans cette phase où l'on effleure le sommeil pour s'en échapper par un songe et y replonger dans l'instant qui suit, avec la conviction d'appartenir à deux mondes, il revivait par bribes la rencontre qui avait décidé de tout, si peu de temps auparavant.

Un après-midi de juin, une cour d'école

La conversation n'avait pas duré un quart d'heure. On était un matin de la période des saints de glace où le climat, subitement rafraîchi par un banc d'astéroïdes venus frayer entre Terre et Soleil, couvrait de buée les vitres du café. Le boulevard Saint-Michel prenait une douche écossaise. Conformément à ses habitudes, le professeur était arrivé en avance. Pour patienter, il s'était exercé à imaginer quel visage aurait dans trente ou quarante ans telle ou telle donzelle qui traversait son champ de vision, dehors. C'était son petit jeu mesquin quand l'heure était au cafard. À l'inverse, quand il était à l'abri de la peur, il ne lâchait pas les traits d'une vieille dame sans s'être fait une idée précise de la beauté qu'elle avait pu être en des temps préhistoriques. Un visage s'était approché de la porte, celui d'un quinquagénaire chauve et lunetteux. L'individu avait refermé un parapluie et s'était dirigé sans hésiter vers Michel Vivien. « Enchanté, professeur. » Il ne s'était pas présenté. D'emblée, il lui avait posé plusieurs questions dont il garde un souvenir parfait : « Êtes-vous heureux de partir pour la Lune ? » Puis, trois ou quatre secondes plus tard : « Croyez-vous vraiment que votre affectation « là-haut » soit le simple fait de votre mérite, professeur ? Que ce soit la consécration de vingt ans de travail acharné ? » Girouette affolée, le professeur avait baissé le regard et s'était borné à hocher la tête dans des sens contradictoires. Il commençait à sentir d'où le vent allait souffler. « L'organisation à laquelle vous appartenez, professeur, et dont je suis l'un des messagers, exerce certaine influence chez des personnages qui ont, disons, donné le coup de pouce décisif à votre « demande de mutation », si tant est qu'on puisse ainsi désigner un changement de planète. Nous tenions à vous rencontrer pour vérifier dans quelle mesure vous êtes toujours disposé à passer à l'acte. Pour la première fois, si vous acceptez, vous allez faire partie d'une mission opérationnelle. Votre vie et celle de vos deux compagnons seront peut-être en danger. » L'homme de l'Organisation avait fixé Vivien, qu'il ne connaissait que par de rares photos, généralement en noir et blanc et inexpressives, parues dans des revues scientifiques à périodicité très variable. Il se faisait fort de garder un ton distant, ton de commanditaire ; il aurait tant aimé changer de registre, se laisser aller à la sincérité ! *Nous vous apprécions tellement, Vivien. Vous vous en doutez. La constance et la rigueur de votre engagement moral, dans la ligne de notre club de réflexion* Science et conscience, *et de sa branche clandestine, forcent l'admiration. À vous de jouer, professeur ! On ne peut impunément écrire avec une telle noblesse d'âme sans mettre un jour ou l'autre ses idées à l'épreuve. Vous avez lu cette pièce, je présume,* Les Mains sales. *Et vous n'êtes pas sans en avoir gardé le sens en mémoire...*

Voilà, entre mille choses, ce qu'il aurait aimé lui dire, tranquillement, si le monde avait été autre, si les astéroïdes n'avaient pas embué les vitres et s'il avait été simple de dire ce qu'on pense. D'autres phrases avaient fusé de sa bouche, bien peu enjouées, bien trop militaires. « Vous serez trois à conduire l'opération. Aucun ne sait, pour l'instant, qui sont les deux autres. Chacun sera averti séparément, le moment venu. Vous vous doutez vraisemblablement de l'objet de notre mission : saboter ce qui, là-haut, nous inquiète tant. Infliger aux consciences un choc tel qu'un débat s'ouvre enfin sur les dangers qui guettent les libertés. Ce sera, de loin, notre action la plus spectaculaire... Retentissante... Nous n'aimons guère ces mots, vous le savez bien. Nous les détestons. Il y a dans la forme même de cette opération un zeste de prostitution et de soumission à la machine des médias. Mais il faut de temps à autre savoir utiliser le système que nous n'avons pas choisi et que nous voulons changer... Bien entendu, vous êtes libre de refuser... Mais si nous vous avons contacté pour cette opération, c'est avec la quasi-certitude... »

D'une main lasse, essuie-glace souffreteux, Michel Vivien avait chassé la buée. De l'autre côté du boulevard, les marronniers peinaient à afficher leurs premières feuilles. Le devaient-ils ? Le soleil et les astéroïdes parachutaient des signaux contradictoires. Surpris sans l'être par la proposition qu'on venait de lui faire, il était dans le même état d'âme. Signer, ne pas signer. Choisir. Une journée lointaine harcelait sa mémoire dans ses plus intimes détails. Ils étaient « montés » à Paris pour quelques jours et logeaient chez une amie d'Anouck. Cet après-midi-là, sa femme avait voulu courir les magasins de mode et les librairies. Il avait gardé leur fils dans une aire de jeux du parc, proche du théâtre de marionnettes où l'on donnait *Les Aventures de Minouchet*. Allan, à l'époque, devait avoir quatre ans. C'était un chaud après-midi de fin de printemps. Comme il s'en souvenait avec précision, maintenant, de ces heures en or ! Jeux dans le sable, appels, pleurs d'apocalypse aussitôt consolés. Anouck les avait rejoints vers dix-huit heures, ravie de sa fugue. Les nuages qui allaient assombrir leur entente étaient encore loin derrière l'horizon. Ciel horriblement pur. Parc, bassin, palmiers de sortie. La miniature de bateau à voile qu'il avait louée pour la joie d'Allan. Les couleurs de cette journée étaient restées inquiétantes de pureté : elle avait dû être peinte par Hopper ou Willink. Aujourd'hui, Allan avait dix ans. Il vivait loin, avec sa mère, dans ce village du Sud-Ouest où Anouck était institutrice depuis leur rencontre. « ... Mais si nous vous avons contacté c'est avec la quasi-certitude... que pour l'idéal qui nous a fait lutter, et qui nous fera toujours lutter... » La buée estompait de nouveau la vitre. Très loin, l'après-midi de printemps. Une averse violente chassait des passants vers la rue de Médicis. « Oui... », avait-il concédé d'un air absent. Il avait repensé à l'une des formules qui trempaient dans son esprit vers l'âge de vingt ans : la barricade intérieure. Ce n'était pas dans les rues de ce quartier trop latin, pas en compagnie de la graine de notaire qu'on pouvait construire de durables barricades. C'est en soi qu'il fallait les ériger, mot après mot face au béton armé des habitudes, pour que certaines idées définitivement ne passent plus et qu'un certain type de barbarie soit mis en échec. La résistance, puisque c'est de cela qu'il s'agissait, commençait là. Ne plus être sur Terre, mais être utile à cette Terre tragique. Il avait tangué quelques instants, réfléchi, puis confirmé son *oui* sans chercher à savoir à quoi il se condamnait. Soulagé, son interlocuteur s'était détendu. Il avait commandé un second café, « serré, s'il vous plaît », et lui avait donné des consignes d'ordre général. « Un signal. Il faudra attendre un signal. Il comportera le terme *myosis*, qui n'est pas sans rapport avec la nature de l'opération. Ce sera pour le courant de l'été. À un moment, vous serez mis en relation avec vos « complices ». Chacun d'eux connaît une partie de ce qu'il doit accomplir, sur quoi, pour l'instant, je ne peux m'étendre... » Vivien avait repensé à la description d'un groupe clandestin faite par Albert Londres il y a plus d'un siècle. *Personne n'a le droit d'interroger sur les projets de l'Organisation, ni d'en demander des nouvelles, encore moins de sembler croire qu'elle existe. Obéir, simplement.* Aussi n'avait-il posé aucune question. À peine s'il avait tenté d'imaginer quels complices, quelles âmes à double fond l'attendaient là-haut dans les déserts de la Lune. Et ça n'avait rien donné.

⁂

Dans le trois-pièces qu'il avait loué à son retour d'un séjour à La Silla, au Chili, Michel Vivien s'était plongé dans une liasse d'articles des dernières années. Les premiers avaient trait à la faillite, retentissante à l'époque, d'un puissant institut de sondages dont il avait été prouvé que les enquêtes, l'une après l'autre, avaient été biaisées pendant des années, sabotées de l'intérieur. Nul n'avait pu identifier les éléments responsables. En quelques semaines, l'institut avait vu ses commandes chuter. Une autre liasse d'articles relatait des incidents survenus en série quatre ans auparavant quand, dans plusieurs villes, les systèmes de télésurveillance des rues étaient tombés en panne l'un après l'autre. *Regain de délinquance... On ne peut identifier les saboteurs...*

Quotidiens, radios, télés, sans parler des intellectuels gavés et bien-pensants, avaient hurlé avec les loups jusqu'à ce qu'on les autorise à se taire.

La troisième et dernière liasse, probablement la plus épaisse, concernait des avaries apparues à bord de satellites-espions qui avaient, tôt ou tard, plongé dans les océans. *Du plutonium dans le Pacifique. Du césium dans l'Atlantique ! Mystérieuses pannes... L'Europe perd un deuxième satellite d'observation infrarouge.* Sous l'empire de ce type de stupéfiants, il avait relu tous les articles. De loin en loin, l'hypothèse de sabotages revenait, mais rien n'avait été prouvé, à moins que les conclusions n'aient été mises sous le boisseau. La presse se gardait de conclure. Aucun de ces actes n'avait été revendiqué. L'Organisation ne signait jamais ses opérations. Les scientifiques, les penseurs et autres militants qui la composaient avaient un jour pris cette décision, non par peur, mais parce que revendiquer serait revenu à établir une forme de dialogue, en désignant un interlocuteur. Pour l'Organisation, aucun dialogue n'était possible avec la pseudo-démocratie technocratique et arrogante qui s'était mise en place : ses antidotes, sa capacité à dissoudre tout argument *contre* ou à le racheter cash, à le retourner aussitôt à son actif, étaient tels que dialoguer dépassait le stade de la duperie : c'était un danger. Vivien palpa les liasses. Ses doigts cherchèrent, une étagère plus haut, les comptes rendus d'interventions faites au cours de réunions par des membres de l'Organisation : « Démocratie et propagande », « Dictature clandestine », « Consensus et dépérissement de l'esprit ». À quoi ces avalanches de charabia avaient-elles servi ? Il chassa cette question ou, plutôt, la conjugua au futur. Une idée s'épanouit en lui comme une fleur noire. Détruire ces feuilles. Ne rien laisser que leurs cendres.

⁂

Avant sa montée vers la Lune, Michel Vivien avait profité du dernier week-end sur Terre pour prendre la direction du Sud-Ouest. Il avait quitté la capitale un vendredi soir et roulé jusqu'à l'aube. De temps à autre, il s'était ménagé une halte sur une aire d'autoroute pour boire un café et faire quelques pas en regardant le ciel. Dès la Saintonge, la couverture nuageuse s'était éventrée, le ciel piqueté d'étoiles. Plus loin, le lever d'une lune safranée l'avait bouleversé. Elle était énorme. Il avait dû s'arrêter aussitôt en bord de route. Dans quelques jours terrestres, il vivrait sur cette monnaie de cuivre. Quelque part vers l'équateur, loin des mers basaltiques, la base nichait au fond d'un cratère où on l'attendait, où on avait prononcé son nom et passé sa carrière au crible. Cratère Herschel, cratère Herschel... Au fond, je vais être simplement transbordé, s'était-il dit. On va me faire passer d'un paquebot à une chaloupe, c'est tout.

Au point du jour il abordait le plateau de Lannemezan et les Pyrénées surgissaient d'un coup au sommet d'une côte, coiffées d'une neige bleue. Il s'était garé là quelques minutes, abasourdi. Rien ne pressait. Quelques kilomètres encore et il atteindrait ce village où, dans l'ombre des rues et les courants d'air des venelles, ses plus vieux souvenirs avaient acquis la dureté du diamant.

Il avait un cadeau pour eux, plus exactement pour Allan : une lunette astronomique d'un maniement très simple, dans laquelle il pourrait apercevoir le cratère de son père, visible au moment du premier et du dernier quartier quand le terminateur repousse les ombres près du méridien zéro. Ils me localiseront en négatif, grâce aux ténèbres dans lesquelles je serai plongé, avait-il pensé en testant l'instrument quelques nuits plus tôt, après avoir enjambé les grilles du jardin de l'Observatoire.

Bourgade du Sud-Ouest en coma réactif : quelques maisons avaient entrouvert les yeux, puis une rafale de vent avait rabattu leurs paupières de bois. Tout restait clos, mais c'était sûr, la vie allait bientôt se manifester. Il avait rangé l'auto sous les platanes et doucement refermé sa portière. Il n'était pas sept heures. « Ne nous réveille pas avant huit heures, s'il te plaît », avait dicté Anouck au téléphone, sans une once d'humour. Il n'avait de toute façon plus le courage de frapper à leur porte. Il avait trop vécu là trop jeune, trop amoureux et trop fringant pour qu'il y reste un *encore*. Le café de la place allait ouvrir. Il prendrait un crème en lisant le journal et ressortirait, une bonne demi-heure plus tard, dans ce moment béni qui précède l'éveil des hommes.

Les minutes s'écoulaient avec une lenteur matinale. Le soleil émergeait mais n'oblitérait pas encore le masque vénitien de la Lune, dont la carnation rappelait les bustes en albâtre. Bientôt, l'azur laiteux l'absorberait. Vite, on ne distinguerait plus les mers. Ensuite, plus rien. Michel Vivien avait franchi le porche de l'école et s'était retrouvé au sommet d'un escalier, face à la cour de récréation. Anouck vivait là, au premier étage du bâtiment d'habitation. En semaine, Allan n'avait qu'à descendre les marches pour se fondre dans la marmaille et le dimanche, ce royaume était le sien.

De temps à autre, le professeur aimait se glisser dans les draps douillets de la nostalgie. Originaire du bourg, il y revenait chaque week-end de ses études toulousaines, quand il avait fait la connaissance d'une institutrice qu'on venait de nommer là. Jeune, célibataire, souriante et plus, jolie sans excès, intelligente de cœur et d'esprit : le kit des épithètes idéales pour fonder un bonheur jardiné comme un potager, vacances à la mer en août, dimanches en forêt, intérieur propret, soleil sur un parquet ciré... Assis sur la plus haute marche, il songeait aux premières années de leur mariage, quand il partait, chaque matin, donner des cours à Toulouse. Un temps, il avait été affecté à l'observatoire du pic du

Midi ; chaque vendredi soir, le téléphérique l'évacuait de cette annexe de l'Olympe et il retrouvait leur fils épanoui, Anouck de plus en plus lointaine, les tilleuls en fleur et la cour en pente douce, les préaux et les salles de classe, et le jardin orienté plein sud comme la vie dont ils avaient rêvé. Un souvenir lui revenait en pensée comme s'il n'en fallait emporter qu'un dans la tombe : il était enfant, et ses camarades de classe jouaient à la chandelle sous le soleil de juin, à quelques mètres d'ici. Il courait autour du cercle d'enfants assis les mains sur les yeux et déposait le mouchoir noué dans le dos d'une fille. Il n'avait que neuf ans. Ignorait-elle vraiment tout du sentiment qui brûlait en lui ? À trente ans de distance, il revoyait son visage et murmurait les deux syllabes de son prénom. Il aurait pu faire une description fidèle de sa robe par ce jour de juin que chacun avait effacé de sa mémoire et qu'il conservait comme un louis d'or de famille sous une pile de linge amidonné. Il emporterait son sourire dans la tombe, sans aucun doute, et sa robe de ce jour-là, pourquoi. Ce jour où tout avait eu lieu gisait dans les remblais du temps, déglingué, aussi inutile aux historiens, aux aiguilleurs du ciel et aux mercières de village que le 14 avril de l'an 339.

Aussi n'avait-il plus le courage de les affronter. L'avait-il jamais eu ? Ce n'est que maintenant, au pied du mur, qu'il pouvait se l'avouer. Revenu à la voiture, il avait extrait du coffre un volumineux paquet qu'il avait déposé sans bruit sur le pas-de-porte et sur une feuille arrachée à un carnet il avait griffonné ces mots pour Allan : *De la part d'un papa qui t'aime et part très haut*. Ensuite, retranché au fond de la cour, à l'endroit où il se réfugiait enfant près du jardinet, il avait guetté. Il avait eu coutume de rêver là aux élues de son cœur surmené et savait de mémoire que de ce coin, on ne le voyait pas. Les volets avaient claqué peu après huit heures. Le visage d'Anouck ensommeillée était apparu. Il l'avait observée pendant quelques secondes, attendant de ressentir quelque chose. Prudemment, il avait préféré s'éclipser et reprendre la route.

Quelque chose d'urgent

En fin de nuit, un agent vient balayer soigneusement les reliefs de ses rêves pour que tout soit propre dans sa conscience au cours de la journée. Le réveil sonna chez lui à huit heures. L'homme éberlué, qui n'avait pas encore récupéré son état civil, écarquilla les yeux sur son habitacle. Par l'écran-hublot, il distingua en gros plan une Europe où la ligne du jour chassait les ténèbres. De Gibraltar à Dunkerque, des plaines et des montagnes émergeaient de la nuit, et cette nuit, pareille à une demoiselle qui veut qu'on la courtise, laissait tomber des stratus d'une très fine étoffe blanche. Michel Vivien secoua la tête et éteignit l'écran. Chaque fois qu'il s'extirpait d'un mauvais rêve, il se répétait qu'il n'aurait jamais dû laisser le téléviseur en marche. Il était si doux pourtant, si doux de s'endormir en regardant la Terre... Encore ce maudit cauchemar, provoqué par l'observation de la planète. Il ne devrait pas abuser des télescopes... Encore et toujours, il revoyait des camions chargés de réfugiés, dont les bennes s'ouvraient au sommet d'un précipice. En bas, le Tartare, Hadès les attendant sur l'autre rive du fleuve des Enfers. À force d'observer les routes des pays en guerre, Vivien ne pouvait effacer ces images de chenilles processionnaires humaines, ces colonnes de lémures partout chassées par les combats. Des enfants portant des ballots, des adultes maigres avec ce qui leur restait d'effets après des années de travail. Et ces files indiennes d'âmes en peine sillonnaient la planète, se croisant parfois, se recroisant, formant un peuple errant, tsiganes malgré eux.

Michel Vivien finit par se jeter au bas du lit et fut tenté d'appeler sa maîtresse, mais réussit à s'en abstenir. Il en éprouva cette joie que sécrète habituellement une victoire sur soi-même. Une voix d'homme pâteuse d'amour aurait probablement répondu. Estrella n'était pas avare d'amants, ou plutôt d'hommes à tout faire le temps d'une nuit. Comme chez la majorité des humains, ses sentiments étaient pour la plupart jetables, vite biodégradables. Nauséeux, il écouta la radio et tendit l'oreille. Quand diable un signal viendrait-il ? « Ne vous en souciez pas, avait dit l'individu, ce jour de printemps embué, au café. Vous serez prévenu durant les cérémonies du soixantième anniversaire. Où que vous soyez, nous vous trouverons. Vous saurez aussitôt que faire. » Les cérémonies avaient débuté la veille au soir et il se sentait déjà frémir d'impatience et de peur. Tout se jouerait d'un moment à l'autre, à moins qu'en bas, ils n'aient renoncé. L'idée de pouvoir croiser tous les jours à la base ses deux complices le glaçait. Savaient-ils, eux, qui il était ? Il repensa à Estrella. Qui avait-elle pu rejoindre, au cocktail du jardin d'Europe ? Quel était ce malaise qui ne cessait de croître en lui alors que l'heure fatidique approchait – ou reculait ? Consultant sa montre, il acheva de se préparer. Cette sensation de nausée refusait de disparaître. Montague devait visiter l'Œil du cyclope à partir de neuf heures et on avait chargé Vivien de jouer le cicérone.

⁂

Quand le directeur général de l'Agence européenne pour la Lune appliqua l'œil gauche contre l'oculaire de Polyphème, il ne put retenir un petit cri. On le vit pâlir. « De la sorcellerie... C'est extraordinaire... On m'avait parlé des performances de l'interférométrie, mais à ce point...

— La précision de pointage est assurée à moins d'une seconde d'arc. Le lit de vérins sur lequel chaque disque de verre repose est d'une sensibilité extrême.

— On dirait qu'on survole la Terre... à vingt, trente mètres de hauteur ! Un planeur qui raserait les toits, ou presque... Où sommes-nous, là ?

— Nous avons braqué les télescopes au hasard sur un port de la côte méditerranéenne réunissant, ce matin, d'excellentes conditions d'observation, expliquait lentement Vivien. Vent violent, absence de pollution et de brumes dans la région, luminosité maximale, ensoleillement garanti pour les heures à venir.

— Inouï, ces toits... On pourrait compter les tuiles ! Comment peut-on s'orienter, se déplacer ?

— Allez-y très, très légèrement, avec les deux molettes. Elles commandent les montures azimutales. Là, tout doucement. Que voyez-vous ?

— Un quai. Des terrasses de café, puis une place, avec des arbres. Des platanes, je crois.

— Ce sont des platanes.

— Comment... ?

— Pour y être allé plusieurs années de suite, en vacances.

— La plage ! Des femmes au soleil. Mon Dieu, quelle précision. On peut même voir leurs...

— Vous voyez, nous distinguons à merveille les individus. Mais je dois malheureusement tempérer votre enthousiasme. Aujourd'hui, on dirait que la côte et le ciel ont été lavés à grande eau pour que vous puissiez les découvrir au mieux, vous convaincre de l'excellence des appareils. Les conditions sont rarement aussi bonnes : nébulosité, turbulences provoquées par des courants ascendants qui affectent la netteté, smog, perturbations dans la haute atmosphère. Sans compter que la Terre ne nous livre pas toujours l'Europe sur un plateau. Notre continent bascule parfois sur un plan incliné, il faut l'observer à travers des couches atmosphériques beaucoup plus denses et tout se corse.

— Étant donné le résultat, les pièces des prochains télescopes interférométriques pourraient être acheminées ici rapidement. Combien peut-on en installer sur le domaine de la base ?

— Ici ? Une centaine au moins, deux cents peut-être. En fait, il serait plus judicieux que l'Europe se dote d'autres bases, moins équatoriales que celle-ci, un peu plus au nord ou au sud, pour saisir différents points de la Terre à tout moment.

— Quel avantage par rapport à un collier de satellites ?

— Le champ de vision, essentiellement. L'absence de trajectoire. Nous pouvons orienter l'Œil vers le point d'Europe ou d'Afrique que nous souhaitons. Si vous le désirez, nous pouvons vous montrer la place de la Concorde.

— La place de la Concorde, oui. Je ne suis pas allé à Paris depuis longtemps.

— Impossible. Il pleut sur Paris.

— Et de nuit ?

— Les points illuminés n'ont aucun secret pour nous. Un bon éclairage est parfois préférable au plein jour. Mais la nuit, les brumes gênent considérablement les observations. Pour ce qui relève de l'obscurité, comme tout satellite-espion à caméra infrarouge nous détectons les corps chauds – habitations, véhicules... Ou une harde de sangliers, par exemple. Ce type d'exercice est facilité l'hiver quand augmentent les contrastes thermiques.

— Vous êtes là depuis longtemps, Vivien ?

— Deux mois, monsieur le directeur. J'allais oublier l'essentiel : vous pouvez prendre du recul en coupant ici le contact avec un, deux, trois ou davantage de télescopes. Ainsi avez-vous un aperçu de toute une région ; ensuite, vous faites la mise au point avec le micromètre, en remettant progressivement en marche la totalité des télescopes. C'est ce qui demande le plus de patience. »

Montague gardait l'œil collé à la lentille du télescope. Pendant quelques secondes régna un silence que ni Vivien, ni Ox, ni Hatteras ne surent rompre. « Regardez attentivement les humains, murmurait le Prix Nobel, dans le vague. Ils se comportent sur Terre comme les corps célestes dans l'espace. Liés les uns aux autres par des mouvements gravitationnels qui retiennent les faibles dans le giron des forts, les hommes dans celui des femmes. Comme les quarks que j'ai eu l'honneur d'étudier longuement, ils sont inséparables. L'avenir de la science et celui du comportement humain se croisent : après la fission nucléaire, celle des quarks. Le XXe siècle a réussi la dislocation des foyers et des couples. Les centres de pouvoir ont prospéré sur les décombres de l'amitié et de la confiance. Notre siècle, lui, peut nous pousser plus près encore des extrêmes de la Solitude, en atomisant les derniers liens. Faire sous une démocratie capitaliste ce que le totalitarisme n'a pu commettre il y a cent ans, le voilà, leur rêve ! Êtes-vous marié, Vivien ?

— Je l'ai été.

— Comme nous tous. Profitez bien de cet observatoire tant qu'il est expérimental. Tant que vous pouvez jouer à regarder les hommes vivre. Bientôt, tout cessera d'être expérimental. Des militaires prendront le relais. Des seigneurs de la guerre qui surveilleront les frontières, les ports et les cols. Qui signaleront les processions de blindés, les colonnes de réfugiés et les déserteurs, jusqu'au petit Mexicain qui traverse le Rio Grande pour aller travailler au Texas, et croit, à force de ruses, passer inaperçu… C'est d'ailleurs un juste retour de bâton : le télescope, à ses origines, a été volé aux militaires par quelques savants ; voilà qu'il leur revient. Au début du XVIIe siècle, la lunette était une arme secrète destinée à observer les mouvements de l'ennemi, quand Galilée eut l'idée de la perfectionner et la tourner vers le ciel nocturne : en un rien de temps il découvrait les anneaux de Saturne, les principaux satellites de Jupiter et se promenait sur la Lune dont il mesurait les montagnes et observait ce petit phénomène qu'il baptisa *titubations*… »

Sa voix diminua jusqu'à se perdre dans un murmure inaudible. Ox détourna la discussion. « Comment trouvez-vous Polyphème, monsieur le directeur ? C'est bien le plus puissant microscope jamais braqué sur l'espèce humaine, non ?

Nous avons fait la démonstration que la civilisation n'était qu'un bouillon de culture, un monde bactérien dérisoire. Et avec cet instrument...

— Je vous suis, Ox, je vous suis. Je pense que le feu vert sera bientôt donné pour que nous passions de la phase expérimentale à celle de l'utilisation intensive. Comptez sur moi pour que les crédits nécessaires soient rapidement débloqués. Ce qu'il faudrait, c'est planter des télescopes de ce genre sur toute la face visible... »

Montague ayant consenti à décoller l'œil de la lentille, Ox avait pris d'autorité les rênes de la visite. Vivien les avait laissés marcher à quelques mètres devant lui et avait écouté leurs mots, filtrés par son abattement. Hatteras traînait derrière, à ses côtés, taciturne. Ils avaient déambulé par des couloirs, des salles aux cloisons tapissées de cadrans et de potentiomètres, où bourdonnaient des imprimantes en pleine rumination. Hatteras lui avait glissé quelque chose à l'oreille à propos de son herbier. Oui, il disposait maintenant de *doubles*, ils devaient absolument se voir pour en parler, et Vivien avait dû acquiescer, moi aussi, mon fils m'a envoyé des scolopendres d'un vert pourpré splendide, ça fait plaisir aux yeux, on se sent repartir, puis le silence était retombé quelques secondes avant que la voix caverneuse de Hatteras ne reprenne : « Et puis mon bégonia est mort. Rien à faire, tout essayé. C'est cette foutue expédition avec les Américains, il y a quinze jours. Trois jours sans l'arroser, ça l'a eu. » À quoi Vivien avait répondu, dans l'espoir d'évacuer l'embarrassant sujet : « Je n'en ai pas. Par contre, un géranium, oui ; si ça vous convient, si l'odeur ne vous est pas insupportable, je pourrais faire une bouture. » Plus loin, dans un autre monde, Ox pérorait : « On dit que les Chinois ont entamé l'exploitation d'un gisement d'eau au pôle Sud, en dehors de la zone qui leur avait été impartie ? Au fond d'un cratère minuscule.

— Je sais, opinait Montague. Une comète qui a laissé échapper son petit miroir. Que voulez-vous, on ne va pas déclarer la guerre à la Chine pour quelques milliers de mètres cubes de terre humide... » Ox rebondit sur un autre sujet : « Savez-vous ce qu'il en est des projets de laser sur la Lune ? On dit que d'ici, avec le plus puissant faisceau conçu par l'armée, on pourra rayer de la carte une petite ville. Quelques salves suffiront pour anéantir Khartoum ou La Havane, vous voyez, toutes ces capitales venimeuses qui infestent les tropiques...

— J'ignore tout de cela, et je tiens à ignorer ce qui relève de la doctrine militaire. Pour ces questions, adressez-vous à l'armée », avait répliqué Montague. Ox s'était tu. C'est Hatteras, étrangement, qui avait rompu ce silence : « Vous auriez été là il y a six mois, monsieur le directeur ! Nous avons eu une éclipse de Terre d'une beauté... Terre dans une totale obscurité, auréolée d'une lumière rouge vif, comme ces cercles enflammés dans lesquels les tigres bondissent.

— Les lions, rectifia Montague. Bien sûr, je le regrette ! Un astre noir avec les pôles en feu… »

⁂

Puis la visite s'achève. Vivien les raccompagne et les salue pendant que, leurs scaphandres revêtus, ils montent à bord du rover. « Un travail urgent », prétexte-t-il. Hatteras lui adresse un clin d'œil. Ox, loin d'être dupe, ne bronche pas.

Il regarde le rover s'éloigner sur la piste qui mène aux blocs d'habitation. Le véhicule dépasse une pouponnière de panneaux solaires, puis les serres, et s'amenuise. Vivien reste pensif, le front collé au hublot. Depuis deux mois, il vit environné de génies aux personnalités complexes, brouillées, difficiles à déchiffrer. Estrella Mayor, chef du département d'astrophysique, sous les ordres de laquelle il a été placé dès la première heure. Une forte tête, à vingt-neuf ans, l'énergie et l'intelligence d'une promotion entière de polytechniciens. Euclide, Hegel et Aristote dans un seul corps, et quel corps. Intraitable dans le travail, avec ses consignes indiscutables, elle devient, sa combinaison retirée, la plus docile des amantes. Hatteras, plus jeune encore, qui puise toute son énergie dans sa dépression chronique, taciturne au point qu'on le croit muet, l'œil rivé sur ses végétaux quand ce n'est pas vers la Terre. La disparition périodique de la planète le précipite dans les grands fonds de son angoisse et il donne alors le meilleur de lui-même. Quand elle reparaît, il traverse un accablement mystique auquel succèdent des crises de lyrisme qu'il est préférable d'éviter. Il n'a rien de commun avec l'hivernal, l'énigmatique Ox. Chez celui-ci toute trace d'humour, même à l'état primitif, a disparu depuis longtemps. Il doit poursuivre un but, mais nul ne sait exactement lequel, tant il déroute, se plaît à égarer. On le retrouve généralement en bonne position dans la course au succès, où il n'hésite pas à jouer des coudes tout en piétinant. Peut-être son masque tombera-t-il un jour en poussière, il n'y aura rien derrière.

Maintenant que le rover a disparu, des phrases ricochent contre les pensées de Vivien. Des formules que son esprit scientifique a jugées suspectes et mises de côté et ne peut, d'un trait, passer par profits et pertes. Pourquoi, en pleine visite, Hatteras l'a-t-il convié à venir voir son herbier, pourquoi n'a-t-il pas attendu la fin de la visite pour lui en parler ? Il tente de se raisonner. On sait Hatteras maladivement nostalgique de la Terre. Échanger des feuilles ou des herbes reçues par le courrier appartient aux jeux qui permettent de ne pas convertir la nostalgie en mélancolie et la même mélancolie en neurasthénie. Mais d'après le ton sur lequel Hatteras a posé la question, d'après sa façon de renchérir sur le bégonia, il en vient à se demander si le jeune ingénieur n'a pas sombré un degré plus bas dans l'apathie. Vingt-sept ans, dont deux sur la Lune. Il songe au destin de ce petit prince des échecs acheté à prix d'or. C'est lui qui, de A à Z, ou presque, W, X, a conçu les logiciels des télescopes optiques et des radiotélescopes de la base. Si Ox est le penseur, l'âme du projet, si tant est qu'on puisse lui attribuer une âme, Hatteras en est l'architecte. « Une bouture de géranium... » Puis il y a eu cette phrase, cette volte-face de Montague quand Ox a évoqué les lasers. « Les Américains tirent déjà sur des villes fictives, des cibles géantes dressées dans leurs déserts comme des décors de western », aurait pu renchérir le Prix Nobel. Au pire, il aurait noyé le poisson, l'air de rien, avec tact. Mais cette froideur, quand il a répliqué en invoquant la doctrine militaire et le fait que cela ne relevait pas *stricto sensu* des sciences spatiales... Et ces considérations, auparavant, sur l'avenir de l'homme et la séparation des quarks... Que se passe-t-il donc entre les hommes, si souvent, pour que Vivien les quitte interloqué ? Seul Ox n'a pas dérogé à son personnage.

Depuis son arrivée à la base, et *a fortiori* depuis le début des cérémonies, Vivien pose un œil scrutateur sur ses collègues et les soupçonne, l'un après l'autre. Ses complices doivent l'avoir identifié : c'est à eux de l'avertir. Il ne peut omettre Estrella, bien sûr. « Qui êtes-vous, Strellita, lui avait-il demandé un jour de grand amour, qui ? Elle serre les lèvres. Vous avez vingt-neuf ans. Née le 28 juin 2000 ! De quel siècle êtes-vous donc ? Conçue au XXe pour naître au XXIe ?

À cheval sur deux ères ! » Mais pas un mot de réponse ; vestale d'un temple vide, elle ne cille pas. Maintenant que le rover a disparu du hublot, Vivien libère une cascade de définitions pour emprisonner cette femme aux visages multiples, en vain, les mots roulent, dégringolent pour rien.

Ainsi retourne-t-il dans les locaux du point focal. Il sera bientôt midi, heure d'Europe, et cette Europe est parfaitement inclinée vers la Lune. Elle prend la pose. Il a maintenant le champ libre. Des couloirs déserts. Il va pointer les télescopes où bon lui semble, s'assied à la table de commande, sous l'oculaire, et cherche ses repères. Golfe de Gascogne, côte basque ; voici Saint-Jean-de-Luz. Il dérive vers le sud-est, suit une portée de monts pelés, s'arrête nostalgique sur les installations du pic du Midi et affine la mise au point. Mettre en marche la totalité des télescopes, descendre une vallée, tenir comme un fil rouge les lacets de la route et, au large des montagnes, aboutir à un plateau passablement embrumé ; certains arpents sont estompés, d'autres nets. Les brumes de chaleur tardent à disparaître mais il a pu localiser le bourg. Il plane à une trentaine de mètres. À quatre cent mille kilomètres, pourtant, il a des sueurs froides chaque fois qu'il colle l'œil à l'oculaire. L'Europe aura-t-elle mis le voile ? Et sa région ? Les perturbations dans la haute atmosphère feront-elles trembler l'image ? Midi, dans deux ou trois minutes. Quand on regarde loin, on regarde tôt : lorsque son cerveau ressasse cet adage, B.A.-Ba de l'astronome, il croit survoler son enfance. L'école, qu'il s'évertue à ne pas perdre, est estompée. Soudain les brumes se déchirent et elle apparaît plus nettement, avec sa cour fourrée de tilleuls. Le préau, les marches polies et les recoins, le potager allongé plein sud, tout est là en pleine torpeur. Gulliver, il observe les Lilliputiens. Rien ne lui parvient du timbre des cloches. Rien de la sonnerie de l'école. Il pourrait hurler, nul, sur la Terre, ne lèverait les yeux au ciel pour savoir de quelle perturbation atmosphérique dévale ce grondement. Il est Zeus, pourtant ! Il ne lui manque que les lasers. Dans quelques années, lui chuchote le diable, des faisceaux de rayons catapultés de la Lune pourront rayer ta vieille école de la carte du Tendre. On pressera un bouton et, instantanément, elle fumera. Tu seras délivré...

Des secondes passent, distendues. Pourvu que les brumes ne se referment pas sur l'école ! Il attend. Des courants d'air ascendants troublent la vue ; cour, toits, jardinets frissonnent. Puis la netteté revient. Il consulte sa montre : midi une, et ce qu'il voit de la Terre n'a eu lieu qu'il y a 1,4 seconde. Des enfants fusent dans la cour. Une gerbe de gamins jaillit par une deuxième porte. La plupart s'égaillent dans les rues alentour. Si seulement, dans la marmaille, il avait eu le temps de repérer Allan ! Il tremble. L'image se trouble : toujours cette brume d'altitude. Il peste.

Anouck doit encore en être à effacer le tableau noir. Ouvrir les fenêtres, ranger son bureau avant de sortir dans le couloir en chaussant ses lunettes de soleil pour traverser la cour. Tout disparaît. Son cœur se serre. C'est un des derniers jours de classe avant les grandes vacances, peut-être le dernier. Où vont-ils partir ? Que fera-t-il, avec son microscope de titan ? Que fera-t-il à fixer cette cour vide, ses tilleuls rissolant au soleil de tous les étés passés là-bas, où des spectres s'agitent en tortionnaires zélés de la mémoire ? Les brumes se dissipent. Il tressaille. Voici qu'il distingue la même auto au bas de la cour. À qui appartient-elle ? Un soir, il avait vu un homme en sortir, qu'il n'avait jamais croisé dans le village. Il avait remonté la cour tandis qu'Anouck apparaissait à la fenêtre et faisait des signes comme pour dire : « Te voilà, je t'ouvre. » L'individu avait gravi les marches, passé la porte vitrée et tout s'était refermé sur lui. Vivien aurait aimé bombarder l'école de rayons X, le temps de tout voir, mais quoi ? Deux squelettes chaleureusement emboîtés ?

Instantanément, il cessa d'observer la cour. De tout le reste de la journée, il ne décolérerait pas. Fuir. Sans réfléchir, il emprunta un rover, s'éloigna vite de la base et poussa jusqu'au sommet du cratère, par une large piste. De là, il parcourut plusieurs kilomètres de plateau et, comme si cela pouvait le consoler de ce que son imagination sécrétait à l'excès, il contempla l'arène de

Ptolémée, plaine irrégulière vérolée de tout petits cratères où les Américains hivernaient. Pour quelques poignées d'heures, au fond, c'était encore la nuit. La collerette du rempart en était sortie depuis peu ; une lumière crue la blanchissait. La Terre lui parut énorme. Momentanément, *ils* s'étaient rapprochés... Ils n'étaient pas encore à portée de main, non, loin de là, mais l'influence réciproque des deux astres se faisait sentir avec plus d'acuité. C'était un de ces jours pénibles où la Terre obsédait plus que de coutume ceux de la Lune. Leur attention se relâchait, ils désertaient les tables de contrôle et laissaient les aiguilles des potentiomètres danser seules le tango. La planète s'était fardée comme une pute : océans bleu vif, continents terre de Sienne, montagnes passées au Rimmel. Bientôt, le ballet reprendrait selon la même chorégraphie : un pas de vingt mille kilomètres en arrière, un pas en avant. Pourquoi fallait-il parcourir près de cent mille lieues pour regretter ses proches et ses écarts de conduite ? Il ne pourrait jamais effacer certaines paroles de sa mémoire. Elles y vagabonderaient jusqu'à sa dernière heure, en suspension dans ses pensées comme des astéroïdes entre les planètes.

Michel Vivien arrêta le véhicule et en descendit, rebondit et fit quelques pas de géant en soulevant un peu de poussière. Dans cette aube qui n'en finissait pas, les ombres atteignaient des proportions terrifiantes. Tout devenait menaçant. Était-ce cela, le mal de Lune ?

Cette impression de danser en ayant toujours en vue, dans un recoin du ciel, un vaisseau bleu en perdition qui émettait des SOS depuis l'âge de ses premiers scribes. Quand Vivien avait été affecté dans une base antarctique, il n'avait pas connu une telle sensation d'isolement. Il était toujours *de* la Terre, et même s'il fallait plus de temps pour aller des Kerguelen à la métropole qu'il n'en fallait aujourd'hui pour le trajet Lune-Terre, il n'avait pas connu pareil sentiment de relégation. Voir la Terre ! Ce privilège plongeait les habitants de la base dans un état d'apesanteur intellectuelle étrange. Les réjouissances de fin de journée n'étaient pas organisées pour combattre on ne sait quelle nostalgie mais bien davantage pour étancher la soif de vivre de quiconque voyait la Terre d'aussi loin. Il balaya du regard le plateau cendreux. Le véritable mal de Lune, chacun savait qu'il commencerait à se manifester lors de la rentrée dans l'atmosphère terrestre, quand un couvercle d'azur retomberait sur la marmite du quotidien. D'ici là... Michel Vivien avait signé un contrat d'un an, renouvelable. Et puis...

Personne ne le recherchait. Aucun signal radio dans l'écouteur de sa combinaison, dont le silence rappelait cette rumeur de mer, ce bruit de fond qu'imitent les coquillages. Il avait atteint le point qui tenait lieu de frontière entre les secteurs européen et américain. Une borne blanche coiffée de régolite le signalait : *You are entering the American Sector, Ptolemaeus Crater. Welcome in the USA.* S'il parcourait encore une dizaine de mètres, une cellule photoélectrique signalerait sa présence aux Américains. Une voix, en plusieurs langues, prierait le visiteur de décliner son identité et de préciser sa destination, l'objet de sa venue. Il fit quelques pas vers la frontière et s'arrêta. L'arène de Ptolémée délimitait un gigantesque moule à gâteau dont les rebords dépassaient l'horizon très courbe. À deux pas de la ligne photoélectrique, il se figea. Le terrain caillouteux qu'il avait devant lui n'était que la carcasse d'une pensée morte. Qu'en termes délicats le traité de l'espace, adopté durant une vieille guerre froide, préfigurait tout ce qui avait été trahi ces dernières années ! Il se remémora quelques-uns de ces idéaux fossiles : « L'espace extra-atmosphérique, y compris la Lune et les autres corps célestes (...), ne peut faire l'objet d'appropriation nationale par proclamation de souveraineté, ni par voie d'occupation, ni par aucun autre moyen... » La belle affaire !

Il remonta dans son rover. Une idée l'envahit, qu'il eut du mal à chasser tout au long de son retour. Pendant plusieurs jours, il allait être au contact de délégations étrangères. Jusqu'alors, il était sûr et certain qu'il allait être « réveillé » par des complices européens, mais cette conviction commençait à chanceler à mesure que les heures passaient. Bien que l'Organisation lui eût parfois inspiré des doutes, de par son culte du secret et son fonctionnement interlope, il n'avait jamais imaginé qu'elle pût être inféodée à une puissance étrangère. Dès lors, la lutte pour un idéal humain aurait relevé du sabotage au profit d'un autre pays... Bizarrement, il n'excluait plus (était-ce sa soif d'en découdre ?) que d'un moment à l'autre, en marge d'une réception ou de quelque autre sauterie au programme des jours prochains, un Américain, un Indien ou un Russe pose une main sur son épaule et dise : « Professeur Vivien, je présume ? Avez-vous jamais entendu parler du phénomène de *myosis* ? » Et cette improbable perspective le remuait, le torturait.

Vivien avait rebroussé chemin et retrouvé la ligne de faîte du cratère Herschel. Il ne lui restait qu'à suivre la piste et à redescendre. Au loin, au fond, il aperçut les lumières en triangle. « Base Europe, appela-t-il comme un avion en phase d'approche. Base Europe, Vivien au sommet, de retour dans une heure... Des messages pour moi ?

— Rien de particulier, professeur. Vous êtes attendu pour le banquet à vingt heures. Ah si, le professeur Mayor vous a demandé.

— Merci. À tout à l'heure. »

Au bout de quelques minutes, il coupa le moteur et se laissa glisser à vitesse réduite. Le calme le tracassait. « Tranquillise-toi ! lui chuchotait son jumeau oriental. Les cérémonies ne viennent que de commencer. » Oui, mais quand, et où *cela* aurait-il lieu ? « Tu n'as qu'à laisser venir… » Durant les cérémonies de la mer de la Tranquillité ? Ou plus tard, pendant la visite prévue pour les dignitaires du monde entier sur le site d'Apollo XV ? Ou encore juste après, pendant l'excursion en mer des Pluies ? « Ne te mets pas martel en tête. » Son frère jumeau jouait du fifre dans un pré ensoleillé, au bord d'un ruisseau. Vivien se surprit à sourire. Bientôt, il oublia les dates du calendrier, les feux de la base et le précipice. Il ne vit plus qu'un croissant de Terre, qui lui présentait une Amérique du Nord tronquée avec, pour que le spectre des couleurs fût complet, un échantillon du Pacifique. Il arrêta le rover et resta cloué un long moment. Il ne tenait pas à arriver avant l'heure du banquet. Les éviter le plus longtemps possible ! Un jour, à l'improviste, il avait pointé les télescopes en direction du Canada ou de la Finlande, il ne savait plus, en direction de ces latitudes couvertes d'une chapelure de conifères. Ce qui lui manquait le plus, ici, c'était le vert, et avant tout celui des bois de feuillus à l'essor des bourgeons. Le bleu des océans, la Terre l'exhibait sans cesse, comme un jean qu'on ne quitte plus. Mais le vert des forêts… Au télescope, il pouvait passer des heures à effleurer la couronne des arbres, avec une préférence marquée pour le duvet des hêtres.

À ce moment-là, Atlas se gratta pensivement le dos. Comme d'habitude, il était fourbu. Non seulement ce fardeau, qu'on lui demandait de porter sans répit, s'alourdissait de jour en jour d'humains et de constructions démentes, mais les conflits et autres calamités lui irritaient le dos jusqu'à l'insoutenable. Aussi avait-il conçu un stratagème consistant à faire pivoter lentement la planète, afin de limiter ses propres souffrances. Les sables du désert et le feu des guerres ne le brûlaient plus comme avant. Rafraîchi par des neiges éternelles ou le jacuzzi d'un typhon, son dos retrouvait toute sa jeunesse quand l'océan Pacifique le massait. Mais ensuite tombait le knout de la ceinture de feu, *puis l'Inde et la Sibérie, ce chaud et froid qu'il ne supportait plus. Atlas se demandait si son supplice n'était pas pire que ceux de Sisyphe, Tantale et Prométhée réunis. Car, au-delà de la Terre, il avait toute la voûte céleste à porter, les étoiles, et cette Lune de plus en plus lourde...*

Le téléphone du véhicule surprit Vivien dans ses divagations.

« Michel... Où êtes-vous donc ? Votre bureau ne répond pas, votre rover n'est plus au garage...

— Que se passe-t-il ?

— Je vous cherchais !

— Du travail ?

— Où êtes-vous ?

— Au sommet du cratère. Le soleil se lève déjà, ici ; en bas, vous êtes en pleine nuit, alors que j'effleure le jour. C'est beau. Vous me rejoignez ?

— Ne plaisantez pas, Michel, ne plaisantez jamais quand je vous cherche. J'ai tenté de vous joindre partout cet après-midi.

— Qu'y a-t-il ? Quelque chose d'urgent ?

— ... Oui.
— ... ?
— Vous m'avez manqué, Michel. Beaucoup. Nous nous verrons après le banquet, n'est-ce pas ? Un bon vieux cocktail, obligatoire pour tous les invités de la Terre et des bases. Obligatoire pour vous, je veux dire, interdiction d'être épuisé ce soir. Je vous attends. C'est votre supérieur qui vous donne un ordre ! »

Estrella avait coupé la communication. À contrecœur, il avait remis le contact et repris sa descente vers la nuit noire. Le timbre de voix de cette femme, accord de notes graves et de notes claires, de sensualité et de cruauté, avait rompu en lui un trop fragile équilibre. À deux mille mètres au-dessus des humains, dans un froid arctique, imaginer le corps d'une femme relevait de l'absurde. Mais il y avait bien autre chose. Dans le ciel, la Terre, très fine, se balançait comme un vieux hamac. Quoi ? Un dément démocratiquement élu ou un chimpanzé kaki appuyait sur un bouton rouge et c'en était fini de ce berceau si douillet, fini de cinq mille ans d'histoire, de Shakespeare et de Sophocle, de Lubitsch et de Chaplin, d'Allan et d'Anouck Valence... Après un tel cataclysme, la Terre défigurée ressemblerait à la Lune ; et les hommes d'ici demeureraient seuls, arche de survivants tristes, à moins que les convulsions d'en bas ne les emportent... L'univers redeviendrait inconscient de lui-même, personne ne l'observerait plus... C'est ici l'Olympe, songea Vivien. C'est nous qui avons porté l'Olympe sur les fonts baptismaux. Jusque-là, la demeure des dieux n'existait que dans les manuels d'humanités. À coups de bulldozer, nous l'avons construite. Ces yeux vers la Terre, nos projets de lasers, nos forges, nos mines, nos pistes d'envol pour titans... Il entendit de nouveau des bribes de la conversation de tout à l'heure : « Quelque chose d'urgent ? – Oui. » Qu'y avait-il donc encore d'urgent ? L'urgence n'avait cours qu'en bas, jamais ici. *Urgent* était un mot barbare sur les lèvres d'Estrella. Une incongruité dans son lexique de la séduction. Alors Vivien dut envisager ce qui, cinq minutes plus tôt, l'aurait fait éclater de rire.

⁂

Comme une poignée d'autres scientifiques, le professeur Vivien pourrait témoigner qu'à la fin des années 2020 un air de liberté souffla sur les bases lunaires. Non cette liberté frelatée ou empesée qui régnait sur Terre, mais plutôt une liberté sauvage, depuis longtemps éteinte en bas. À cause de cette liberté, les hommes de la Lune souffraient longtemps, à leur retour, d'une anémie psychique indéfinissable, comme si leur esprit n'était plus à même d'emmagasiner ni de supporter ce qu'il concevait. Ils fondaient une secte ou s'adonnaient à l'alcool, divorçaient, se faisaient ermites ou s'internaient en asile psychiatrique... On allait dignement fêter le premier alunissage sur la mer de la Tranquillité, mais qui, se demanda Vivien, qui parlerait au nom d'Armstrong et d'Aldrin des difficultés sans fin qu'ils eurent à revenir sur Terre, eux et leurs épigones ?

« On ne dessoûle pas de la Lune. Rien ne fera passer la griserie qu'il y a à être ici, à l'avant-poste de tout, disait Hatteras.

— Comment allez-vous ce soir, Hatteras ? Vous n'aviez pas l'air dans votre assiette, ce matin, le coupa Vivien.

— Parce que je vous ai parlé de plantes ? Non, non. J'ai longuement repensé à votre géranium. Je vous remercie. Ce que je veux, c'est retrouver un bégonia. Je crois que Sandorf en a un, lui, ou bien le lieutenant Robur. Mais je ne sais trop comment aborder le sujet avec eux.

— Demandez à Ox ! Son appartement est une véritable serre. On ne sait plus où s'asseoir. Et avec ça, un air moite, à couper au couteau. Il aura certainement ce que vous cherchez.

— Ox ? Vous voulez rire ! Je préfère me passer de bégonia. C'est peut-être à cause de lui que j'ai eu ce coup de cafard ce matin… Vous l'auriez entendu la ramener devant Montague, au retour, exposant comme venant de lui les idées que je lui soumettais hier encore quant aux possibilités d'extension de l'interférométrie optique…

— Taisez-vous, Hatteras.

— Qu'y a-t-il ?

— Je veux dire, en règle générale : ne parlez pas, ou parlez moins.

— Vous trouvez que je l'ouvre trop ? En revanche, pour ce qui est de l'herbier, ça tient toujours. Il faudra que je revoie le vôtre. Un ami m'a envoyé quatre feuilles de platane oriental, une me suffira. Je crois que vous m'aviez parlé de plusieurs lis martagons, chez vous...

— Cueillis par mon fils. Nous verrons ça quand vous voudrez, Hatteras. »

⁂

Ils auraient pu témoigner que sur ce crâne errant un petit air de liberté soufflait là où s'était recréée une civilisation bonsaï. Certains disaient que la vue de la Terre redimensionnait les âmes ; d'autres qu'ils regagnaient une noblesse d'âme égarée depuis leur jeunesse... Brutalement, la musique cessa. Un disc-jockey annonçait en anglais : « Mesdemoiselles, mesdames et messieurs, que ceux qui dansent se figent, que ceux qui boivent posent leurs verres, que ceux qui discutent mettent un point derrière leur dernier mot. Sur le flanc du cratère, la Terre disparaît. » Après un instant de perplexité, la foule convergea vers un des bords de la verrière. Océans, territoires calcinés et dépressions filandreuses avaient commencé de sombrer derrière le rempart du cratère. « Et puisque la Terre s'endort, que les souris dansent ! » reprit-il avant de rouvrir les vannes à des rythmes latino-américains. Entre les fontaines, les massifs de fleurs et les essences européennes, il y eut un flottement, puis les couples se reformèrent, des Américaines gravitèrent autour d'Indiens ou de Japonais. La mode musicale était aux *nineties*. On remettait au goût du jour les danses fin de siècle, divers rythmes latinos. Estrella Mayor jaillit du lot et attira Vivien à elle. « La lambada, Michel. Regardez et faites comme eux. C'est tout simple. » Fort des verres absorbés en début de soirée en compagnie de Robur et de Hatteras, il la suivit sur la piste. « La Terre commence à filer doux... L'Europe est invisible... Personne ne nous voit plus », soufflait-elle. Il ne se sentait déjà plus maître de ses mouvements, et quelque chose l'agaçait. « Oui, mais Jupiter nous guette », répliquait-il en montrant une bille lointaine escortée de ses quatre électrons galiléens. L'effet de loupe accentuait l'ivresse. La Terre, en sombrant, avait le quintuple de sa taille normale. À côté de la très lointaine Jupiter, c'était un œuf monstrueux à portée de main.

« Pourquoi avoir enlevé vos lunettes ce soir, Strellita ? Je vous ai toujours dit qu'une des sources de votre charme...

— Qu'avez-vous fait, Michel, aujourd'hui ?

— Fui la base pour aller livrer des renseignements aux Américains.

— Argument irrecevable. Ils sont là, partout, je viens de danser avec l'un d'eux ; ils sont tout émoustillés par ces commémorations. Ce sont leurs ancêtres, leurs héros que nous fêtons ! »

En un éclair, dans les pupilles d'Estrella, Vivien entrevit le sourire d'Aldrin au retour de la

Lune et se remémora son destin après Apollo XI. Séjours en clinique psychiatrique, alcoolisme, cures de désintoxication, divorce puis nouvelle séparation, retraite anticipée. Il repensa au silence de Neil Armstrong, à son repliement, à son refus de rencontrer Nixon alors que l'Amérique, prise de folie en Indochine, décapait son subconscient grâce à la Lune. Seul Collins, qui n'avait pas marché sur la Lune, avait été épargné par ce mal. Oh, les ancêtres... Oh, les lares de la maison... Comme on allait les fêter !

Parfois, Vivien avait l'impression pénible que ses sentiments, eux aussi, subissaient un effet de loupe. La jalousie, par exemple. Le moindre doute ou soupçon était comme projeté sur un grand écran, et Estrella acquérait de ce fait une beauté dont le quotidien la privait. Elle devenait la divinité Lune. Tanit, Ishtar dont Gilgamesh parvint à repousser les avances. Vivien aurait voulu lui crever les pupilles afin qu'elle ne vît pas les hommes danser et séduire, faire leur métier d'homme. Elle avait posé les mains sur ses épaules et murmuré : « Vous n'aurez pas à couper l'écran quand nous nous coucherons tout à l'heure, Michel. L'Europe aura disparu ! » Avant qu'il ait pu contrôler ses propos sa réplique avait jailli : « Mais qui vous a dit, chère Estrella, que ce soir nous devions coucher ensemble ? Il m'avait semblé que vous vouliez me voir... d'urgence ? » Elle avait cru à une plaisanterie, une coquetterie de gandin et enchaîné sur son ton badin :

« Aucun homme ne s'est imposé le supplice de Tantale de me résister, Michel...

— Arrêtez. Dites-moi ce que vous aviez à me dire. Vous m'avez très bien compris. »

En prononçant ces mots, il s'était lui-même surpris. Ébahi par son aplomb, il avait laissé libre cours aux paroles. Comme souvent après la colère, il allait les regretter. Elle avait pâli de fureur. « Vous ne l'emporterez pas au paradis, Michel... » Son corps, jusqu'à présent lascif, porté à la température des ébats, s'était raidi, refroidi et détaché du sien. Sans un mot, elle partait et se glissait entre les couples. Vivien restait cloué sur place, l'esprit vide. Un moment plus tard, il l'apercevrait accompagnée d'un Russe. Et dans le courant de la soirée, il les verrait quitter les lieux avec ostentation, au bras l'un de l'autre. Vivien comprit qu'il avait attendu ce genre de situation depuis les déceptions de l'adolescence. Il lui avait fallu une poussée à trente-neuf mille kilomètres/heure, au matin du décollage, pour s'extraire du champ gravitationnel d'Anouck Valence et quitter la Terre ; maintenant, trois ou quatre verres lui permettaient de surmonter pire. Électron libre, il décidait à quarante ans de ses orbites et de ses trajectoires. Profession déserteur... Aux Enfers, Newton ! Il serrait son verre jusqu'à le briser. Il lui fallut s'asseoir un long moment avant que les tremblements de son corps s'atténuent. Un jour où il était en verve, Hatteras lui avait dit : Vous verrez, Vivien. D'ici la fin de ce siècle, nos savants découvriront la loi de la gravitation humaine, quatre siècles après celle des corps célestes. Peut-être énoncera-t-on une équation complexe, avec une constante *K* qui déterminera pourquoi telle personne est satellisée autour d'une autre et permettra de déduire comment, par quel *effet de fronde gravitationnelle* elle peut s'en affranchir.

Vivien s'efforça de retrouver un semblant de calme. Il remontait à reculons les dernières heures et butait systématiquement sur le même obstacle. Rien n'expliquait pourquoi, dans l'après-midi, son amie avait eu recours au mot *urgent*. Rien n'expliquait pourquoi, ensuite, toute urgence s'était dissipée. Il eut la certitude d'avoir, par négligence, parce qu'il s'était échappé plusieurs heures de la base, laissé filer quelque chose qui avait à voir avec l'essentiel. En errant dans les couloirs, par cette fin de soirée au goût amer, il revit au loin, disparaissant par une porte, cette femme gibbeuse qui transbahutait dans son ventre le premier enfant lunaire.

Zeus prend sa revanche

Déjà le troisième jour de ces cérémonies. Tenant à rester d'astreinte à la base, Michel Vivien a décliné l'invitation de Sandorf à l'accompagner avec le reste de la délégation européenne. Il a tout invoqué pour laisser sa place, nausées, fièvre, avant de recourir à l'argument sans appel : Le mal de Terre. Ça passera très vite. Chacun, dans ces cas-là, comprend l'autre à demi-mot et l'abandonne à sa prostration.

Une bonne moitié du personnel a escorté les invités d'Europe. Ils ont décollé en début de matinée. Combien de représentants des puissances de la Terre avaient aluni la veille dans différentes bases ? Euphoriques à l'idée d'être arrivés là, des délégués rompus de fatigue avaient fait leur apparition en soirée au grand cocktail donné dans le jardin d'Europe. Les voici qui décollent pour la mer de la Tranquillité où des caméras les poursuivent.

⁂

On ne peut guère imaginer dans quel état d'esprit les hommes regardent la Terre depuis la Lune. Comme si, adultes, ils revoyaient leurs chambres d'enfant. Ô jours bénis où elle paraît à l'horizon ! Dans cet avant-poste du genre humain où s'affaire une élite, un protocole discret régente la vie : phénomène de ressac qui tantôt retire la Terre, tantôt la restitue. Le professeur Vivien attend que la planète se lève. Pour rompre l'ennui, il a braqué ses instruments vers la bille bleue de Neptune et son collier de perles. Mais déjà les premières images commentées défilent sur l'écran intérieur. Les appareils européens survolent une région de cratères, Delambre, Schmidt, Sabine et d'autres de moindre facture. En quels temps reculés a donc eu lieu ici une bataille de Verdun, pour laisser un sol si déchiqueté ? Il doit rester quelque part des traces de cette boucherie, quelque part un casque de uhlan, des chicanes ou des portées de barbelés rouillés. Voici que le relief s'adoucit. La Terre émerge déjà, là-bas. Vivien consulte sa montre avec anxiété : ici, elle ne se lèvera pas avant deux heures au-dessus des parois. Et elle mettra cinq heures pour apparaître dans sa totalité.

Aucun voyant, aucune sonnerie. Salles et couloirs déserts. Ç'aurait été le moment idéal. Brutalement vidé de lui-même, Vivien s'affale sur une chaise. La froideur de ses mains l'effraie. Il en porte une à son cœur et s'assure qu'il bat encore. Il ne croit plus à son étoile. Il comprend combien sa lumière a été trompeuse, émise par un astre désormais défunt. Le signal ne viendra pas. Le signal de départ de celui qu'il aurait aimé être il y a trop longtemps. Celui qui serait sorti du moule et aurait pris sa forme véritable. Ils t'ont oublié, Michel. La Terre tournoie sans toi. Tu es, comme disait M. Tourgueniev, un homme de trop. Ce n'était qu'une plaisanterie. Comme tu y as cru ! Tu la croyais venue, ton heure !

Il se relève et déambule. Observe, halluciné, un écran. Les appareils des bases étrangères sont déjà sur le site d'alunissage d'Apollo XI. Les Européens s'y posent à leur tour, dans un tourbillon de poussière. Ils avancent en colonne, d'un pas d'orang-outan, évoluent entre des roches quand la caméra les quitte, se braque sur une énorme araignée silencieuse, en pleine digestion sur ses hautes pattes. L'étage de descente du Lem repose ici depuis soixante ans. Rien n'a bougé, comme si Armstrong et Aldrin avaient redécollé hier. À quelques mètres, au sommet de sa hampe, il y a ce drapeau américain qu'un châssis maintient déployé. La télécaméra qui avait permis aux terriens de suivre le ballet des astronautes est aveugle depuis longtemps. Vivien est seul au centre de la pupille de l'Œil. La colère monte en lui. Il réentend le discours inaugural de Montague. Les minerais. Les sites d'observation. Les sources d'énergie. Voyeurisme et espionnage. Est-ce pour cela qu'Aldrin et Armstrong ont risqué leur vie, rêvé qu'ils venaient au nom d'un univers de paix ? Faudra-t-il que l'humanité trahisse toujours ses Christophe Colomb, qu'elle massacre les Indiens et pille les mondes nouveaux ?

Une voix hors champ succède au silence : « Que personne n'avance, s'il vous plaît ; le site va être inscrit au patrimoine mondial de l'Unesco. Les empreintes vont être préservées... » La caméra s'approche d'une plaque posée par Armstrong sur le support du Lem et lit : « Ici, l'homme venu de la planète Terre mit pour la première fois le pied sur la Lune. Juillet de l'an du Seigneur 1969. Nous sommes venus en paix au nom de toute l'humanité. » Le vice-président des États-Unis prononce un discours et pose une nouvelle plaque commémorative. Vivien se lève, retourne dans la salle centrale du point focal et reprend ses expérimentations. Depuis un moment, il pense à Estrella. L'alcool absorbé la veille lui a donné la force d'échapper à ses tentacules mais maintenant, par effet de boomerang, elle se rappelle à son souvenir. À travers les turbulences de la mémoire, il entrevoit ses yeux mortellement vexés et se retient de l'appeler. Avant de capituler sans condition face à Circé, il s'accorde quelques heures.

Qu'attend-on pour lui donner l'impulsion décisive ? Le pôle Nord émerge, suivi d'une moitié nord de l'Europe, de la Sibérie. Tête de vieillard couverte de cheveux blancs... Le professeur se sent perdu. À son départ, il avait détruit chez lui les opuscules trimestriels du club de réflexion qui servait d'écran à l'Organisation. Le soir, il avait l'habitude d'en lire ou relire quelque extrait, comme on prend un contrepoison. Maintenant qu'il en est à quatre cent mille kilomètres et qu'il voit la Terre si menue, il comprend d'autant mieux pourquoi il est si facile de dompter, de réduire à néant la liberté de ses habitants tout en clamant *Liberté*. Un voyant clignote. Il presse un bouton et la voix de Gordon, un collaborateur du laboratoire voisin, emplit la pièce : « Professeur ! Le jour, qui descend des cimes ! » Par le périscope, Vivien surprend un liseré de soleil sur les plus hauts pics, à 3 715 mètres du fond du cratère. Dans quelques jours, nous baignerons dans la lumière et ce sera la fournaise... Ils seront tous repartis, envolés vers leurs hautes fonctions. Et je serai là guettant toujours un appel superflu, rumine-t-il avant de revenir à d'autres pensées. Un article qu'il publia : *L'homme piégé par lui-même*. Quelques formules, des paragraphes dont il se souvient par bribes. Il en sourit. « Les archéologues devraient entamer des fouilles dans la conscience humaine pour déterminer quand le mot *liberté* a commencé de se vider de son sens jusqu'à le perdre ou se muer en son propre antonyme : liberté d'écouter, de singer, d'épier, de contrefaire, de tout savoir aux dépens de. »

À mesure que la Terre émergeait des hauts de l'arène, les bribes lui revenaient avec netteté. Oui : dater le moment où la bataille commença d'être perdue. Qui, hormis une poignée d'historiens, d'archéologues et de scientifiques coupés des masses, gardait le sens de la continuité historique ? Qui, à part les personnes d'âge estimable comme Sandorf, pouvait se prévaloir d'entretenir un lien avec le siècle passé et les pionniers de l'ère spatiale ? Sandorf, né l'année où le premier satellite lança son bip autour de la Terre ? Qui d'autre, à la base ? Le monde produit dans ses usines à penser une jeunesse amnésique, qui marche au pas de l'oie du conformisme. Le visage sévère de Ox passa devant ses yeux. Et d'autres fragments : « Il ne peut y avoir d'avenir si l'on détruit ses traces. La culture d'un peuple n'est pas une culture sur brûlis. » Ox avait inventé l'Œil mais n'était pas capable d'émettre le moindre jugement valable sur les grands tournants des XIXe et XXe siècles. Son esprit était un établi jonché d'outils sophistiqués. Grâce à eux, il pourrait forer loin dans la conscience des autres, les observer, les guider où bon lui semble. Mais il ignorait d'où venaient les hommes et comment ils en étaient arrivés là. Voilà que le visage de Ox ramenait Vivien à ce qui, depuis le début des célébrations, apparaissait au plus profond de lui et grandissait dans les moments où il était livré à lui-même : une anxiété encore vague, dont les signaux posaient tous la même question : comment cela va-t-il se dérouler, et quand… ? L'opération sera-t-elle suffisamment discrète pour que j'en réchappe ? Et comment disparaître, à la surface d'un monde où la moindre trace reste imprimée des siècles ? Où se réfugier ? Combien de fois, dans quels rêves s'était-il vu en prison, attendant son jugement pour trahison ?

Vivien interrompit ses manipulations. L'Europe était maintenant visible et il parvenait à capter des radios. Cet après-midi, elles faisaient silence sur les célébrations lunaires. Comme d'habitude, l'extraordinaire était traité sur le mode anecdotique ou occulté. Ce qui ne faisait pas bouger les marchés financiers dans l'heure qui suit n'avait pas rang d'information et finissait comme des scories dans un remblai. Cela s'appelait la civilisation. Il n'était pas non plus question de l'étranger, sinon pour signaler des feux de forêt dans le nord de l'Espagne. Deux sujets accaparaient les ondes : un projet de privatisation partielle du gouvernement, approuvé par les trois quarts de la population selon trente-huit sondages concordants. L'autre grand sujet était la canicule, les départs en vacances. Vivien tourna le bouton. Il était triste. Il ajusta ses instruments et les pointa vers le village, l'école et la cour. Il était à peine dix-huit heures trente. La lumière, d'une pureté rare, semblait sourdre des prés. Les coteaux étaient excessivement nets, les routes désertes. Il repéra la voiture de l'inconnu au bas de la cour. Le coffre bâillait. Au premier étage, près des escaliers où il avait aimé, enfant, s'asseoir de longs moments, la fenêtre de la cuisine était grande ouverte. Il attendit. Il avait encore beaucoup de temps devant lui avant le coucher du soleil, et, quoique la présence de l'auto le mît sur des charbons ardents, c'était là qu'il préférait être, au-dessus des tilleuls. Au bout d'un petit moment, des mains rabattirent les volets. Anouck ? Dix-huit heures trente-neuf. Deux minutes ne s'étaient pas écoulées qu'un homme apparut. Il descendait les marches, chargé de deux sacs que Vivien se souvenait d'avoir achetés à Toulouse un samedi de pluie, il y a des années. L'individu sombrait sous les feuillages, refaisait surface près de l'auto. Partait-il ? Rompaient-ils ? Il rangeait les sacs dans le coffre, remontait la cour, les escaliers et resurgissait ; il n'était plus seul. Anouck, une valise à la main, suivie d'Allan. Même à la quasi-verticale, il les identifiait aussitôt. Il reconnaissait jusqu'à leurs vêtements. Mais il ne distinguait pas leurs visages. Il aurait fallu qu'un aigle survole le secteur ou qu'un avion attire leur attention... L'un après l'autre, ils s'engouffraient dans l'auto. Il sursauta. Non, ils ne raccompagnaient pas l'individu ; ils s'enfuyaient avec lui. Instinctivement, Vivien faillit mettre en marche la caméra électronique du télescope. Parce que dans sa tête trois mots clignotaient comme des voyants d'alerte : pièce à conviction. Mais quelque chose le retint, qui avait à voir avec les articles qu'à son départ il avait brûlés. Quelques instants, puis les portières claquèrent. La voiture reculait. Elle remontait le chemin gravillonné longeant les salles de cours. Les mains tremblantes du professeur la suivaient en jouant sur les molettes de commande, délicatement. La voilà qui sinuait dans les rues du village, franchissait la place et filait vers la route nationale. Alors, ce qu'il faisait là lui parut tout à coup pire que de soumettre son ex-femme à un détecteur de mensonges, la taille prise dans des lanières et des électrodes. Ce qu'il perçait à vif grâce aux télescopes, les battements du cœur d'Anouck, le rythme de sa respiration et ses réactions épidermiques, bien que passés au crible, auraient été à même de le cacher. Il avait touché le centre de l'intime.

Les ombres s'allongeaient. Il perdit l'auto sous le veloutement des platanes. Les vacances venaient de commencer. Ils avaient dû emprunter la nationale pour une destination lointaine. Ils allaient rouler de nuit. Tout d'abord, ils se parleraient. Puis les paroles s'espaceraient, la radio en sourdine endormirait l'enfant et jouerait de la musique légère, peut-être du jazz. Anouck Valence s'assoupirait elle aussi tandis que l'autre, sûr de lui, les conduirait vers le petit matin. Vivien coupa nerveusement le contact. Il recomposait la voix d'Anouck, à moins que ce ne fût celle d'Estrella par intermittence : « Tu as voulu t'élever au-dessus de nous, Michel, c'est bien toi. C'est tout toi. Tu as joué au rapace, tournoyé et tournoyé dans notre ciel. Mais ton regard d'aigle t'a perdu, encore une fois tu perds. Où crois-tu que nous soyons partis, avec qui penses-tu que je parte ? Je t'abandonne avec délice à ces questions. »

Il était soulagé de ne plus les voir. Les minutes pendant lesquelles ils avaient traversé la cour et pris la route l'avaient vidé de ses dernières forces. Elles lui confirmaient à quel point il avait raison d'être là pour mener à bien sa mission. Ce qu'il avait vu s'était imprégné de manière indélébile et il attendait le signal avec une grande fébrilité pour crever les yeux. Crever des yeux qu'aucune paupière ne reposait jamais !

Mais le voici, peu après, qui remet en marche la batterie de télescopes et colle un œil avide à l'oculaire. Quittant la nationale et sa tenue de camouflage, il dérive vers le nord et surplombe une grande ville. S'efforce de localiser l'Observatoire, le parc du Luxembourg, ses bacs à sable et son bassin, le café du boulevard Saint-Michel, et se met à l'affût de vieilles connaissances, en vain. Il braque les yeux sur certains balcons, certaines terrasses. Personne. Eux aussi ont déserté.

Après chaque séance d'observation, il cesse de communiquer avec les autres et traverse un sas de solitude pour reprendre contact avec le monde. Renoncer... Renoncer à la Terre, à ses balcons vides et ses cours d'école. Il envie souvent les radioastronomes installés sur la face cachée, que les ondes terrestres n'atteignent pas. Ils se relaient pour enregistrer le chant de l'univers et en sondant les profondeurs croient oublier le phénomène humain. Michel Vivien déserte la Terre et traque la transhumance des galaxies. Ces toupies l'émerveillent. « L'ivresse de l'astronome consiste à regarder loin dans l'univers, c'est-à-dire loin dans le passé », note-t-il sur un carnet. « Andromède (ce que nous en voyons) est un site archéologique pour l'œil humain. Le ciel est un amas de ruines. Qui sait, peut-être la moitié du spectacle que nous voyons, ou sa quasi-totalité, est-elle éteinte, disparue depuis longtemps. Comme si, depuis notre siècle, nous pouvions assister aux courses de chars de la Rome antique, sachant que le cirque n'est plus qu'un éboulis et que les conducteurs de chars sont enlacés par des racines. »

Vivien erre à des années-lumière, inspecte les sémaphores de l'infini, la nébuleuse du Crabe. Il se sent mieux maintenant. Peut-être espère-t-il surprendre une comète et lui donner son nom, comme on marque un veau qui vient de naître. Mais il s'aperçoit que le cadran de sa table indique dix-neuf heures trente. Déjà ! On va l'attendre au mess de la base ; les rares qui ne sont pas de sortie se sont donné rendez-vous pour le dîner. Il enfile une combinaison et pénètre dans le sas pressurisé où patiente un rover. La porte coulissante se lève sans un bruit, et ce qu'il découvre le cloue sur place. C'est bien le paysage habituel des installations de la base, avec, au bout du cratère, la muraille. Mais, ce soir, l'arène de Herschel n'est plus totalement obscure ; un paysagiste a passé l'après-midi à la griser. Des sommets arrondis, dont quelque chose rappelle les Vosges pelées, une lumière ruisselle.

Le cœur du professeur se serre. Dans quatre jours, heure pour heure, le fond du cratère sera livré au jour lunaire. Il fera cent degrés dehors, peut-être plus. Les délégations seront reparties. Il considère les dômes et imagine les environs de la base d'ici quelques années, couverts de dizaines de champignons de couche analogues, et réentend Montague : « ... Trente batteries de télescopes, voire plus, seront braquées sur l'Europe et le reste du monde à notre guise. Que nous le voulions ou non, c'est un processus irréversible. Les Américains, les Japonais s'y mettent eux aussi... » Un malaise l'envahit. Les Américains et les Japonais... Il se figure la face visible couverte d'une éruption de télescopes et blêmit. La Lune a été conçue pour surveiller la Terre et ses locataires. C'est donc elle, la Conscience poursuivant Caïn.

⁂

Le dîner passé, Vivien se retira dans ce qu'il appelait sa cellule, télévision branchée sur l'image de la Terre. L'Europe plongeait dans la nuit d'été. Pour quelques minutes, elle offrait à l'œil averti les formes rebondies de ses golfes et les fanaux des métropoles. Stations balnéaires et phares longeaient les côtes comme des chenilles processionnaires. Cette étrange retraite aux flambeaux contournait le golfe de Gascogne, Gibraltar, remontait l'Espagne en dodelinant jusqu'au golfe du Lion. Brutalement, il repensa à

Anouck Valence, à l'auto dans la nuit. Deux destinations possibles lui vinrent à l'esprit, deux ports où elle l'avait contraint à passer trop d'étés. Quel que fût le conducteur de la voiture, il avait dû mettre le cap sur l'un d'eux. Vivien se versa un verre de xérès, puis un deuxième. Il aurait pu, machinalement, porter une main vers le tiroir où il rangeait les lettres d'Allan, sèchement contresignées par Anouck. « Arrête », se dit-il en se versant un avant-dernier verre. Il était triste. Il aimait être triste. Il savait être triste et savourer les fruits amers de la tristesse. Dans un coin de sa cellule, une pendulette énumérait les secondes. Quelque chose lui faisait particulièrement mal, ce soir, mais il ignorait quoi. Il n'avait pas vu Estrella au mess, pas plus qu'ailleurs. Il avait fini par composer le numéro de sa chambre et une messagerie vocale s'était enclenchée. Il ne lui aurait pas parlé, non ; il ne voulait pas lui parler. Il l'aurait seulement écoutée dire : Estrella Mayor, Allô. Allô ? et aurait raccroché. Elle avait dû accompagner les Sandorf, Ox et autres bonzes à la mer de la Tranquillité, et ce soir, dans l'atmosphère festive qui devait régner à la base américaine, que pouvait-elle bien faire avec eux et mille autres ? Demain, murmurait-il. Demain elle participera au deuxième acte de cette mascarade. Qu'ils vénèrent leur préhistoire, maugréa-t-il en se versant le tout dernier verre, oui, qu'ils la vénèrent. Ses pensées se perdirent dans le brouillard, dans le tic-tac de la pendulette. Au soir du troisième jour, parce qu'il était un peu trop seul, Michel Vivien commença à se dire qu'en bas, l'Organisation avait peut-être été démantelée ou s'était autodissoute par excès d'impuissance, ce qui revenait au même.

⁂

Le réveil l'extirpa du sommeil relativement tôt. Il ne se souvenait pas de l'avoir remonté la veille et n'en voyait pas l'utilité. Il lui fallut quelques secondes pour s'apercevoir qu'il ne s'agissait pas du réveil mais d'un signal d'appel. Il tira le téléphone d'une poche de sa veste. « Vivien, j'écoute ? » On tardait à répondre. Il perçut une respiration lente, après quoi on raccrocha. Pour chasser son anxiété, il alluma l'écran, pressa quelques boutons pour apercevoir des images de la surface. Il regardait attentivement le cratère, le piton central et la paroi circulaire. Durant son sommeil, le jour avait sensiblement glissé le long des pentes ; la frontière ombre-clarté devait s'établir autour de deux mille cinq cents mètres. Le fond du cratère baignait dans une pénombre qui ne nécessitait plus l'emploi de projecteurs.

⁂

D'un œil, sur l'écran de la salle de travail, il suivait les célébrations. Parties de la base américaine, les personnalités venues de Terre et les délégations des autres bases avançaient sur un des sites à glorifier. Il n'était pas facile d'être solennel par une aussi faible pesanteur. À intervalles réguliers, quand il fallait se déplacer, le ministre nippon de la Recherche tanguait ferme et chavirait, et ses gardes du corps le redressaient tant bien que mal quand ils n'étaient pas déstabilisés par leur protégé. Toute la délégation japonaise, aux prises avec elle-même, tentait alors de se redresser tandis que les autres, tout près, attendaient.

Le vice-président des États-Unis s'était remis à discourir. Les caméras s'étaient braquées sur une nouvelle plaque. Vivien suivait le spectacle d'un œil distrait. Il ne vit pas les appareils redécoller, survoler une rainure et des plateaux variqueux, d'un gris éclatant. Il ne vit que leur arrivée en limite d'un cratère au plancher basaltique, et observa les rites que l'on rendait autour d'une sonde descendue là pendant l'hiver terrestre 1973. Il pensait à l'appel sans réponse. Était-il surveillé ? Était-ce un avertissement ? Il était prêt, là, berger des télescopes. Alors il se transporta sur Terre par une journée de fin juillet au ciel briqué à grande eau. Des estivants baguenaudaient sur la promenade. Il n'avait guère eu de mal à trouver Cancale. Une fois le cône du Mont-Saint-Michel repéré, il avait suffi de suivre la côte en rasant l'écume, jusqu'au coude que faisait le port. Vivien longeait la jetée. Il avait du temps devant lui et pouvait se permettre de flâner au hasard. Qui sait ? S'ils étaient là, il finirait par les trouver. Il s'installerait au-dessus d'eux, au-dessus de la plage et contemplerait les seins nus d'Anouck, cela faisait si longtemps. Oui, il avait décidé qu'il avait tout son temps : cela s'imposait à lui comme une évidence, pour la toute première fois.

⁂

Après des millénaires d'attente, Zeus obtenait satisfaction. Alors qu'il était retombé dans l'anonymat et que nul n'aurait parié un denier sur lui, il retrouvait le moyen de déchaîner ses foudres. Les hommes – ces hommes qu'il avait tant combattus de ses décharges célestes et auxquels il avait inoculé la plupart de ses idées depuis un siècle – allaient reprendre à leur compte cela même qu'il ne pouvait plus exercer, la fureur. Maintenant qu'il vivait retiré, perclus d'amertumes, il allait assister au plus grandiose des feux d'artifice : les hommes s'autodétruisant. De là-haut, de cet électron qui tournoyait obstinément, certains projetaient de lancer contre la Terre des javelots de lumière. Plus efficaces que ses foudres, les lasers pulvériseraient les Troie de leurs temps modernes.

Maintenant, Zeus les tenait. Bientôt, ils seraient à point. Déjà, ils avaient fabriqué un de ces cyclopes dont l'œil rapprochait la Terre de manière fulgurante. Ils s'observaient pour mieux se viser. Zeus appréciait de plus en plus leurs compétences. Il se frottait les mains. Ce qu'il n'était pas parvenu à faire durant son règne – éradiquer l'espèce humaine pour lui en substituer une autre, servile –, les hommes allaient le réussir. Lorsqu'ils se seraient collectivement suicidés, lui, roi des dieux, saupoudrerait la Terre d'une nouvelle semence de vie. Là où le totalitarisme du siècle passé avait échoué – faire surgir un homme nouveau –, leur démocratie ultracapitaliste aboutirait à d'excellents résultats.

Parfois, pourtant, Zeus s'inquiétait. À trop vouloir patienter... Quand il se penchait un peu sur ceux de la Lune, il voyait s'agiter ce maudit professeur et ses complices. Qu'avaient-ils donc, les inconscients, à jouer les petits Prométhée ? Est-ce parce qu'ils étaient montés jusque-là qu'ils devaient se prendre pour des titans ? Au décollage de leurs fusées, lorsqu'ils avaient quitté la Terre, il avait déclenché plusieurs de ces orages tropicaux dont il avait le secret. Les éclairs avaient tambouriné et tambouriné sur les carlingues, mais rien à faire. Ils ricochaient dessus comme des galets.

Les points de Lagrange

Repue d'amour, Anouck Valence ne parvient pas à trouver le sommeil. Lit moite, chaleur suffocante du bord de mer par une fin juillet. Près d'elle, le corps à demi recouvert d'un drap qui lui fait un pagne, un homme dort bien qu'il ne soit pas tard. Elle se lève, enfile une chemise de nuit. Porte-fenêtre grande ouverte. Du port de plaisance montent le clapotis continuel des vaguelettes sur les coques, le cliquetis des cordages contre les mâts. L'homme se retourne. Il dort toujours. À la terrasse des cafés, à une cinquantaine de mètres, on discute bruyamment. Rires lointains, exclamations.

Une clarté vive sur le lit. Anouck avance vers le balcon, prudemment. Peut-être, là, la chaleur sera-t-elle moins lourde ; un degré de moins la soulagerait. C'est alors qu'elle voit une Lune haute, qui émerge du cap et glisse ses rayons dans la chambre. À peine la jeune femme a-t-elle mis pied sur le balcon qu'elle recule. Sur celui de la chambre voisine, elle vient d'apercevoir Allan, de profil. Il a déployé la lunette astronomique. L'œil collé à l'oculaire, l'instrument braqué vers la Lune, il guette. En temps normal, elle l'aurait apostrophé. « Tu as vu l'heure qu'il est ? Tu devrais dormir depuis au moins deux heures ! » Mais quelque chose d'impérieux lui dicte de se taire. Jusqu'au moment du départ, la veille, il a insisté pour emporter cet appareil. Jusqu'à la dernière minute, elle a résisté, mais il a insisté de plus belle.

On vient d'entrer dans ces quelques journées où les cratères des méridiens centraux émergent peu à peu de l'ombre et reçoivent les hallebardes d'un soleil à cent degrés. L'enfant a dû localiser Herschel, carte en main. Dans les jours à venir, on ira vers la pleine Lune. Avec la réverbération des rayons solaires, on ne distinguera presque rien.

Depuis que son père est là-haut, Allan n'est plus exactement le même. Dans la cour, Anouck Valence l'a surpris désignant le ciel à des camarades en répétant : « Il est là-bas. » À sa mère et à son nouveau compagnon, il parle de moins en moins, sans animosité, comme si le processus participait de sa croissance. Elle pense qu'il s'éloigne d'elle. Oh, trois fois rien : un appel sans réponse, ses yeux dans le vague.

La clarté de la Lune argente l'enfant et son instrument, les balcons en enfilade et la jetée, les draps et l'homme qu'Anouck, brutalement, déteste. Mais elle déteste plus encore l'autre, là-haut, auquel elle a reproché son obstination et son égoïsme au point de s'en séparer et d'exiger la garde de l'enfant. « Au moins est-il allé au bout de son idée et, ce soir, il ne se sent pas humilié par lui-même. »

La Lune poursuit son ascension. Son diamètre apparent diminue. De la taille d'une pièce de monnaie, elle a viré du cuivre à l'aluminium. Anouck Valence se penche un peu et regarde son fils, que l'oculaire absorbe. Combien d'heures restera-t-il ainsi ? Le lendemain, au petit déjeuner, chacun fera des risettes. Chacun aura *formidablement dormi, fait de beaux rêves*. On parlera de calanques et de baignade sur un ton entreprenant. Le ciel aura été toiletté, repeint de bleu, sans lune et sans étoiles. C'est ainsi que les hommes vivent le mieux, quand leur ciel à toit ouvrant est masqué.

Malgré la chaleur, elle revient dans la chambre. Maintenant, elle tire d'épais rideaux. Il est tellement trop tard. De quelque façon, Michel a pénétré dans cette pièce. Elle l'a aimé parce qu'il poursuivait des chimères. Elle l'a rejeté le jour où il les a rattrapées. Dans certains pays, on ne supporte pas que l'autre réussisse. Debout, elle regarde le corps nu dans le lit et l'envie naît de le recouvrir entièrement. Pour la troisième fois de la soirée, il l'attire. Mais, alors qu'il est à portée de main, elle ne fait plus un geste. Elle pense au sélénite et ne bouge pas. Elle a dû atteindre un de ces *points de Lagrange* où les forces d'attraction de la Terre et de la Lune se neutralisent. Rarement elle a ressenti une telle lassitude, une telle sensation de vide. L'existence l'a acculée dans ses derniers retranchements, sur une voie de garage où elle ne croisera plus jamais personne. Il ne lui reste qu'à s'étendre sans conviction, dans la pénombre. Depuis qu'*il* est là-haut, elle ne peut esquisser un geste en plein air sans penser qu'on la guette. Elle a pris l'habitude de porter une casquette, *des* casquettes qu'elle alterne pour brouiller les pistes. Dès que le temps se couvre, elle se sent mieux. Plus de migraines, plus de nausées. Car elle en est presque revenue à cette saison de l'enfance où l'on croit que les morts vous épient et ne vous lâchent pas d'une semelle. Il lui faut secouer la tête, se raisonner pour se dire qu'*il* n'est pas mort. C'est quelque chose d'autre. Ni mort ni vivant. Elle ne se sent bien que dans les restaurants, les grottes et les métros, en plongée sous quelque toit dans quelque lit.

Les humains sont des réactionnaires dans l'âme

À son retour des télescopes, il s'était isolé dans sa cellule. Une variété de peur qu'il ne connaissait pas commençait à le submerger, par à-coups, comme la marée annexe des rochers. Tant qu'il pouvait les localiser, entre deux nuages, une témérité relative remontait ses veines jusqu'à la tête et le soûlait. Ce soir, le sol se dérobait sous ses pieds. « Demain, je continuerai les recherches. Ils doivent bien être quelque part. » Il en était là de ses promesses et se versait whisky sur whisky. Était-ce le besoin de Terre ? Il alluma le téléviseur. La présentatrice, assise à une table en verre, était à demi nue. On disait son quotient intellectuel hallucinant. Sa taille de guêpe était impeccablement bronzée. Elle avait vingt et un ans. Vivien se laissait emporter par les images de la Terre. Les catastrophes succédaient aux clins d'œil, les témoignages accablants aux anecdotes. Au bout de dix minutes, la présentatrice se leva, souhaita une bonne soirée en hochant du menton et sourit d'un air complice. Le téléphone sonna à cet instant-là.

Voulais-je seulement entendre sa voix ? Il a attendu. Tout restait au fond de ma gorge. Les mots s'annulaient. Aussi n'ai-je eu d'autre choix que de raccrocher. J'aurais aimé vous expliquer maintes choses, Michel. Je n'ai pas pu vous parler. Depuis mon départ au bras de ce triste Russe, vous devez attiser contre moi de la haine, de la haine !

L'inquiétude de Michel Vivien. Sur les chaînes de télévision de la Terre vont et viennent des visages de perdition, des vestales égrènent dans quatre mille langues des indices de places financières, le bilan des séismes et des attentats du jour, les scores, les records battus et les records à battre. Puis le silence revient. Le professeur regarde la Terre en écoutant un morceau de jazz composé sur la Lune, par une pesanteur six fois inférieure à celle de sa planète. Il aimerait tant faire tournoyer cette toupie à la vitesse de son impatience... Avec une régularité horlogère, elle émerge enturbannée de dépressions, bleuie de froid. À l'aide de la caméra périscopique, il vogue au ras du cratère. Lesté par son propre désœuvrement, Vivien frôle d'un pied le fond de sa conscience, d'où s'échappent des sortes de bulles, et il se dit : si cette ampoule bleue dans le ciel venait à s'éteindre, nul ne saurait plus que l'univers existe. L'univers ne serait là que pour lui-même, avec tous ses hauts fourneaux, ses centrales nucléaires et ses feux de Bengale pour rien du tout.

En remontant à la surface, les bulles dérangent des courants subtils, libèrent une énergie que la tourbe retenait. Vivien se dresse. Il ignore où ses pas le dirigeront mais s'est persuadé qu'il ne capterait aucun signal en restant là. Identifier ses comparses. La plaisanterie a assez duré. Il fait quelques pas en direction de la porte. Alors qu'il pose la main sur la poignée, un bip téléphonique arrête ses pas. Il répond. C'est elle, de retour de Ptolémée. Il en reste étourdi. Voyons-nous au cimetière, j'ai des choses à vous dire au plus vite. Il acquiesce. Oui, tout de suite.

⁂

Ce qu'on appelait le cimetière européen égalait en beauté le jardin en terrasses de la base, avec ses pelouses et ses saules, et certains, dont Vivien, ne cachaient pas leur préférence pour ce lieu. Il aperçut Estrella accoudée au bastingage de la verrière, le regard perdu dans le vague. Elle était seule sur la pelouse, entre les futures tombes. À deux mètres d'elle, derrière le verre loupe, commençait un reg triste.

L'avait-elle entendu ? Elle tourna vers lui un visage très pâle. Il redoutait qu'elle lui signifie une irréversible rupture et tourne les talons dans la minute. Elle l'accueillit au contraire d'une voix apaisante. On entendait derrière elle un ruisseau cascader. Il s'assura qu'ils étaient bien seuls et désigna un banc à la peinture soigneusement écaillée, qui avait été monté d'un pays d'Europe où il était d'usage, au siècle dernier, d'y visser une plaque de bronze portant le patronyme du donateur. Elle s'assit à l'autre bout du banc et ils choisirent de ne pas se regarder.

« Vous ne me pardonnerez jamais ce que je vous ai fait. N'est-ce pas ? De toute façon, il ne peut y avoir d'amour sur la Lune si nous ne cessons pas un jour de regarder la Terre. Mais qu'importe, Michel. Ce n'est pas pour vous obliger à entendre cela que je vous ai fait venir... »

Il rampait des yeux sous les draperies des saules. Parce que la mémoire s'emballait à la moindre évocation de la Terre, il crut voir du linge séchant au vent, au bas du potager, sous la cour de son école. Sous le gazon ne reposait aucun mort. Jusqu'à présent, au moment de remplir les formulaires d'intégration à la base, presque personne n'avait manifesté le souhait d'être inhumé ici, comme si une telle mort, sans rapatriement, eût été double. Les tonnes de terre d'Europe déversées – terre mêlée de plusieurs régions, où le calcaire des Causses, pour conserver un équilibre entre le Nord et le Sud, le disputait en volume au lœss des grandes plaines d'Allemagne – ne suffisaient pas à retenir les esprits les plus agnostiques. Leur cercueil en même temps que leur berceau, c'était cet électron azur noyé dans l'encre. Il était plus facile de retenir sur la Lune cent vivants qu'un seul mort.

« Vous allez me trouver futile, Michel, une fois de plus, mais c'est pour quelque chose de bien plus sérieux que notre amour que je vous ai fait venir… »

Il l'écouta avec plus d'attention, sans tourner le visage vers elle de peur qu'elle s'interrompît.

« Nous… Nous avons reçu un message d'Europe (elle régla l'imitateur de sons d'ambiance *sur pluie battante*) nous demandant à tous d'être sur nos gardes durant cette période de cérémonies. Une menace. Un acte subversif, un assassinat, nous ne savons pas. Je voulais vous demander d'exercer la plus grande vigilance, partout où vous serez, et surtout, de ne pas ébruiter ce que je viens de vous dire. Nous sommes très peu à en avoir connaissance. » Elle avait prononcé ces mots sur un ton léger, étrangement doux. Le chef des unités scientifiques de la base avait la voix veloutée qui manquait à la maîtresse…

« Comme nous ne savons rien de précis, la surveillance est renforcée partout.

— Qu'y a-t-il à craindre ?

— La concentration de personnalités sur des sites bien définis, d'une grande portée symbolique. L'envie que pourrait avoir je ne sais quelle organisation politique, indépendantiste ou autre, de faire parler d'elle. Un assassinat, un attentat sur la Lune. Le tout premier.

— Et selon vous, un tel événement aurait-il partie liée avec la Lune ? Notre base sera-t-elle visée en particulier ? Et qui… ?

— Je l'ignore. Reste maintenant une inconnue. On ne met pas encore facilement pied ici, et de deux choses l'une : soit une puissance étrangère soutient ce complot et fournit une base arrière à un commando…, soit le ver est déjà dans le fruit, et des individus avancent sous le masque d'une mission absolument légale, ici ou ailleurs. »

Il aurait aimé lui demander pourquoi il avait droit à de telles confidences et pourquoi elle lui accordait le bénéfice de sa confiance. Les miettes de leur amour ? Cette hypothèse ne le satisfaisait pas, loin s'en faut. Pourquoi l'accueillait-on dans le cercle restreint de ceux que, dans un vieil article, il appelait les « coupables d'innocence » ? Il aurait aimé lui demander sur quoi se fondaient de telles rumeurs, mais probablement lui avait-elle livré tout ce qu'elle savait. Un barrage filtrant s'était de toute façon formé dans sa gorge, qui retenait la plupart des mots. Danger ! Il avait à un mètre de lui un corps ami, qu'il avait exploré, parcouru de ses deux mains des nuits durant, et duquel il avait tout exigé jusque dans ses replis intimes. Mais l'esprit qu'il abritait n'était plus dans son camp ; Estrella avait rejoint celui de l'ordre. Les mains de Vivien étaient froides, de cette froideur qui avait tendance à remonter vers les bras, le cœur et les poumons où soufflait un air glacé. La pluie avait cessé. Estrella avait pressé la touche *Éclaircie*. Une lumière dense et matutinale tombait de la voûte et il clignait des yeux. Les pupilles sévères d'Estrella le toisaient. Et si les phrases qu'il formait traversaient maintenant un bureau de censure, il se demanda si ses traits n'allaient pas le trahir, le vendre à ceux qui surveillaient déjà tout en prévision d'on ne sait quoi. Il devait avoir considérablement pâli.

« La surveillance, continua-t-elle. Elle sera renforcée sur les lieux que visiteront les personnalités. Partout où nous le pourrons, y compris à la base. Nous bouleversons les programmes et redéployons le personnel. Seuls quelques techniciens et gardes restent à la base. Je vous demande d'accompagner notre délégation dans tous ses déplacements, dès demain midi, Michel... »

Les flux et reflux de ses pensées s'arrêtèrent net. Les points de suspension à la fin de cette phrase résonnaient comme des coups de feu. Il se fit violence pour ne rien répondre et hocher la tête comme il convenait. Sous la lumière crue tombée de la voûte, il devait paraître blanc comme un linge. Il ne réussit à endiguer sa peur qu'en concevant une nouvelle probabilité : les fuites ne portaient pas sur le sabotage auquel il devait participer, mais sur un tout autre complot, auquel il était étranger. La Lune cristallisait les passions de la Terre, ces jours-ci...

Estrella continuait à parler mais il ne l'écoutait que par intermittence. Sa traversée de l'accablement le conduisait loin de cette femme mi-amante, mi-ennemie. Il aurait aimé recouvrer des forces en localisant au plus vite Anouck et leur enfant dans un port insouciant, en bas sur la Terre. Recouvrer le sens de la futilité, de la fatalité en se laissant bercer par la voix de la femme assise à ses côtés mais non, rien à faire.

⁂

Avec ses cales fétides et ses coursives, la base avait tout d'un paquebot échoué sur des bancs de basalte ou d'un submersible en plongée de longue durée. Au détour d'un des couloirs, Michel Vivien croisa la femme enceinte. On regardait si souvent le ciel sur la Lune qu'on oubliait ce qu'était un enfant, et il n'imaginait pas qu'elle pût mettre au monde autre chose qu'un satellite ou un astéroïde difforme. C'est pour bientôt, murmurait-on cependant. Avec un peu de chance, elle accoucherait avant le départ de la délégation européenne. Quel bel accueil pour le premier humain à naître sur la Lune ! Hatteras, je ne vous dérange pas ? Au contraire. Votre visite me fait plaisir, répondit une tête à travers le feuillage du vestibule, et le visiteur entra.

Quel que fût son point de départ ou son rythme, leur conversation aboutissait toujours aux végétaux, à leurs herbiers respectifs, et les deux hommes, en buvant un alcool fort, s'adonnaient à la contemplation des pousses sur les étagères. De l'ellébore, chuchotait Hatteras. Il paraît que dans le passé on utilisait cette plante comme remède à la folie. J'ai beau essayer, ce n'est pas très concluant… Mais tout de même. Et à partir des rhizomes de l'ellébore noir, on peut extraire un poison puissant : C14 H20 03. À retenir, cela peut toujours servir. Regardez, là : j'ai reconstitué toute la flore du Harz sur ces planches, et il ajoutait : À mon retour, j'achète une parcelle pour transplanter tout ça, il m'en faudra une grande. Il laissait filer un peu de glèbe entre ses doigts et expliquait : Elle vient de la propriété de mes parents. Le mélange de terre qu'on reçoit ici ne vaut rien. En croyant contenter tout le monde, on vous brasse le terroir du Danemark avec celui de la Sicile et du Sussex, et tout pousse de travers ! Que voulez-vous, les plantes ne sont pas cosmopolites. Il leur faut leur humus, leur *Heimat*, n'est-ce pas, sans quoi elles dépérissent. Du chauvinisme minéral.

— Et nous ? objectait Michel Vivien avec une ironie désabusée. Et nous ? Vous ne croyez pas que nous avons nos boulets aux pieds, comme elles ? Croyez-vous que cet oxygène extrait du sol lunaire nous convienne ? Il m'arrive de croire dur comme fer que l'air de l'Armagnac a un arôme inimitable et de sa fragrance, certains jours, je pourrais vous entretenir pendant une heure. Vous la décrire, vous la donner à sentir et vous prouver, avec une rigueur quasi arithmétique, qu'on ne saurait la respirer nulle part ailleurs. Les hommes sont d'incorrigibles passéistes, des réactionnaires dans l'âme, y compris ceux que le Destin porte aux frontières de la pensée. Plus on vieillit, plus grande devient la force d'attraction de nos premières années. Même si les filons sont épuisés depuis longtemps, nous revenons toujours aux mines d'or de l'enfance. »

Vivien s'était tu. L'effet des herbes et de l'alcool se faisait sentir et il n'avait plus besoin du verbe. Il aurait aimé parler d'Allan et d'Anouck, mais Hatteras n'avait pas de femme qu'il regrettât à quatre cent mille kilomètres, encore moins d'enfant. Les yeux injectés de sang, perdus au-delà du visible, ils se laissèrent porter par leur bien-être de fabrication artisanale. Vivien souriait. Soudain, il fronça les sourcils, mais presque aussitôt son visage s'éclaira. « Vous avez pu en faire venir ? Un exploit ! »

Il venait d'apercevoir deux énormes limaces à l'arrêt sur de l'humus – à moins qu'elles ne fussent en pleine progression.

« Comment avez-vous fait ?

— Toute une histoire. Le règlement stipule, vous le savez, que seuls les animaux familiers, et encore, exceptionnellement, si vous les aviez avant votre départ de la Terre, encore que.

— Et alors ?

— Je suis passible d'une forte amende si je suis pris. Moi et mon complice allemand, Dexter, vous savez, celui qui est arrivé la semaine dernière. Elles sont fabuleuses. Regardez-les. Il m'a fallu plusieurs jours pour saisir ce qu'elles ont inventé depuis si longtemps et que nous ne maîtrisons toujours pas, regardez-les bien, Michel, regardez. Sur la Terre, je ne m'étais aperçu de rien.

— ?

— La lenteur, mon ami, la lenteur ! Nous plastronnons parce que nos dernières fusées dépassent les vingt mille kilomètres à l'heure, et tant mieux ! Nos recherches avancent à la fois dans l'infiniment grand et l'infiniment petit, n'est-ce pas ? Dans l'infiniment rapide également, mais pour ce qui est de l'infiniment lent, toute recherche est bloquée... Aucun crédit ! Nous avons désinventé tout ce que nos ancêtres avaient mis au point siècle après siècle !

— Nous avions si bien commencé, sur Mars, en 1997 !

— Pathfinder, le rover ? En effet, un record. Deux à trois mètres par jour, et le monde entier tremblait à l'idée qu'il se cabre ou chavire. Le bon temps, Vivien. Notez bien que je serai ravi lorsqu'une de ces nouvelles fusées me reconduira en bas en deux temps, trois mouvements. Tiens, regardez ! Elles viennent de bouger. Il faut maintenir ce coin constamment humide, et alors là... »

Vivien considérait son hôte perdu dans le vague. Sur quel souvenir d'enfance s'était-il empalé ? Hatteras était un de ces êtres marqués depuis l'enfance par la Solitude ; à le voir, on savait qu'il était et serait inexplicablement seul, incarcéré dans une sensibilité pathologique jusqu'à la fin de ses jours. Vivien guettait sur ses traits un signe qui aurait trahi quelque complicité. Un mot ! *Myosis*. Ou un autre. Une allusion, si brumeuse fût-elle. Mais rien. À se taper la tête contre les murs et contre ces dizaines de pots de fleurs puantes. Ils faisaient silence. Le temps s'écoulait toujours ainsi chez Hatteras, adouci, vigoureusement ramené à l'échelle du supportable. Vivien en venait à penser qu'on le retrouverait où qu'il soit si l'on tenait encore à le *réveiller*. Et l'avertissement d'Estrella Mayor, son inquiétude non feinte ravivaient par moments ses espoirs. Nul ne lui avait ordonné d'attendre assis dans sa cellule ce signal qui tardait singulièrement. Loin, l'état d'alerte, le corps d'Estrellita, ses seins rebondis et ses fesses comme des dunes aux replis changeants. Dans un fracas qu'il était seul à percevoir passaient les wagons vides de l'oubli, et il reconnaissait les prémices de cet état qu'on appelle l'apathie. D'ordinaire, il ne voyait pas même la carte murale tendue derrière une pluie de feuilles et de boutons vert tendre. Ses yeux s'arrêtaient au premier plan, car la texture des lianes faisait écran. Il la distinguait pourtant fort bien, ce soir. Elle représentait la face visible de la Lune. Les pousses et les plantes grimpantes étaient impuissantes à masquer le bleu réséda des mers, le tracé des lignes « aériennes » reliant les bases, les icônes désignant les mines d'eau des pôles ou quelque gisement de minerai, les traînées courbes des montagnes. Il eut brutalement l'envie, compulsive, de prendre les limaces et de les écraser sur cette carte et de barbouiller les cratères de leurs petits viscères pour que Hatteras lui saute à la gorge, le frappe, explose, décline en jurons son exacte identité. L'entendre hurler ! Mais il n'en fit rien. Demain, murmura-t-il en suivant des yeux le parcours prévu à travers la mer des Vapeurs, jusqu'au site d'alunissage d'Apollo XV, demain sous les contreforts des Apennins. Au nord de cette chaîne, comme une bulle d'air en réserve à l'apex d'une araignée d'eau, le cratère Ératosthène où ils passeraient la nuit, dans la base chinoise. Et le lendemain, ultime journée des cérémonies, une croisière était prévue sur la mer des Pluies.

Au bout de quelques minutes, la lecture de la carte le dégrisa. Des questions s'insinuaient. Pourquoi était-ce Estrella qui l'informait de menaces ? Pourquoi Sandorf ou d'autres bonzes plus gradés qu'elle ne l'avaient-ils pas fait ? Une autre interrogation faisait son chemin : soupçonnait-on un personnage de rang supérieur, à qui ces rumeurs n'avaient pas été communiquées ? Sandorf ? Il ne pouvait l'imaginer. Ox ? Ne pas avoir encore détrôné certains ici pouvait avoir nourri une rancœur vive. Qui sait où bourgeonnaient les tumeurs de la jalousie, chez lui ? La seule idée d'avoir pareil individu pour complice lui donnait la nausée. À moins que Ox n'ait magnifiquement trompé son monde derrière son personnage. Tout ce zèle. Cet empressement à aller plus vite que la musique. Non... Il aurait fallu un talent exceptionnel pour singer si justement ces défauts. Ses réflexions se brouillaient et ses yeux traversaient les lianes jusqu'à la carte murale, dans les parages du méridien zéro. Une dernière question le traversa : Estrella ne jouait-elle pas avec lui ? Dans quelle mesure n'en savait-elle pas plus et, en évoquant le danger, ne cherchait-elle pas à l'en éloigner ? Au moment de se quitter, après le rendez-vous au cimetière européen, elle avait dû garder pour elle bien des apartés. Dans le silence gêné qui avait succédé à ses déclarations, elle s'était levée la première et avait disparu sous des saules chevelus, sans autre bruit qu'un chuintement de pas sur la mousse. En la voyant s'échapper il n'avait pu s'empêcher de faire le lien avec d'autres séparations lointaines, mal cicatrisées. L'idée qu'on puisse retrouver au fond d'un cratère les sédiments de passions terrestres, et qu'à la carte murale se superpose celle du Tendre (non pas les chemins qui menaient à l'amour mais ceux qui en éloignaient), lui redonnait des forces. De but en blanc, il avait posé à Hatteras une question qu'il aurait normalement tue : Quand redeviendrez-vous un terrien ? Et il avait obtenu cette réponse :

« Trop tard, de toute façon. Tout le monde ne pense qu'à ça, ici, n'est-ce pas ? On s'enivre, on se sent libre mais, au fond, on ne pense qu'à retourner là-bas. On imagine le jour du retour comme une seconde naissance. Les Chinois ont peut-être raison quand ils ouvrent des bagnes ici. La Lune est le lieu de relégation par excellence. Hormis ces quelques riches qui viennent s'abriter par peur d'une guerre nucléaire en bas ou essorer leur esprit dépressif, chacun cultive l'espoir de filer au plus vite. Pas d'air, pas d'eau sinon sous forme fossile, sous les pôles, pas d'herbe, et pour les couleurs, morbleu ! Je ne sais plus comment s'appelle ce peintre russe qui a dénombré, au cours de son séjour lunaire, deux cent cinquante-quatre nuances de gris. Il était bien loin du compte, ce bigleux... Revenir, et pourtant nous sommes sur la Lune ! L'absolu, au quotidien, devient morose, banal, mon cher Vivien, vous verrez, à la longue... Encore avons-nous une chance, la Terre reste à portée de nos yeux le plus souvent. Ceux qui, bientôt, mettront le pied sur Mars auront cent fois pire que nous à surmonter : la réduction de la Terre à la taille d'une simple étoile, noyée dans la Voie lactée. »

⁂

Il avait beau arpenter la plage, il ne les trouvait pas et le temps s'écoulait sans qu'il pût en ralentir le cours. Mais son opinion était faite. L'an dernier, elle avait emmené Allan à Cancale ; cette année, ce devait être Cassis. Il fallait cette alternance pour équilibrer la diagonale des loisirs qu'Anouck Valence avait tracée une bonne fois pour toutes en travers de sa France estivale. À moins que l'homme de sa énième vie ne soit parvenu à imposer son choix, ce qui était exclu.

Il avait plongé à la vitesse de la lumière vers la station, fendant la thermosphère en feu, les mésosphère, stratosphère et troposphère avant de freiner d'un coup, à une trentaine de mètres au-dessus du monde. Chaque fois qu'il fondait vers la Terre, il retrouvait la sensation de chute libre des séances de saut à l'élastique. Et si ces jeux-là remontaient pour lui à bon nombre d'années, il ne pouvait échapper à la même panique, insoutenable ; au cours de ses premières observations, il avait dû se retirer précipitamment aux toilettes pour y vomir longuement en se cramponnant des deux mains à la cuvette, par peur de s'écraser au sol.

L'atmosphère avait cette pureté cristalline des matinées venteuses. Il se balançait au-dessus de cette plage encore peu fréquentée, au-dessus des chaises et des tables rouges d'un café en terrasse, à l'angle du port, sans pour autant rien ressentir de la pesanteur terrestre. Il revenait en arrière et suivait la jetée, contournait le phare puis longeait un hôtel. Il s'immobilisait ici ou là, dans les replis d'une calanque. Avec un soulagement sans pareil, il voyait fuir les minutes, emportant avec elles la raison de sa présence sur la Lune. Il mesurait avec quelle témérité il avait accepté, un matin de pluie, dans un café, une mission à laquelle il souscrivait sur le papier, certes, mais qu'il se savait incapable de mener à bien. Ah, si seulement il était sur Terre ! Là-bas, il commettrait de grands prodiges ! Là-bas il connaissait les réflexes, les émotions, voire les pensées que l'usage d'un ciel bleu et de nuages, la jouissance de rayons chauds et de routes de campagne, de promenades de front de mer, les soirs d'été, donnent aux hommes. Ici, quelque chose déréglait les rapports humains, qui avait à voir avec l'absence de ciel bleu, de routes de campagne et de front de mer. Il reprit son envol mais ne les aperçut nulle part. Il allait renoncer à eux, à tout, et ne se sentait plus le courage de rien. Il allait présenter sa démission, pour tout, amour, amitié, idéal et profession. Renoncer, oui, avec une ferveur rare. Il allait tirer la langue à ses maîtres et bourreaux, claquer la porte en crachant dans la soupe, ou vice versa. Mais un petit bruit de crécelle se fit entendre. Cette cigale maléfique le terrorisa. Il sursauta et plongea une main au fond de sa poche, pressa nerveusement le bouton *lecture* de la messagerie pour interrompre ce tocsin. De petites lettres de phosphore étaient à l'origine du tintement répété. Elles formaient sur l'écran minuscule huit mots d'une luminescence insoutenable.

DERNIER QUARTIER

Minotaure

Face à trop de lumière j'ai fermé les yeux, à demi. Qu'ont-ils à simuler un déluge de soleil ? Qui a exigé que la cérémonie se déroule par beau temps ? Se peut-il que cela fasse partie de ses dernières volontés, enfermées dans une case d'un formulaire, à son arrivée à la base ? Terre, Lune : cochez ce que vous souhaitez. Voilà une des rares personnes qui aient jamais voulu rester ici. Le premier calcium d'origine humaine à fertiliser le sol d'un autre astre. Que m'arrive-t-il ? À l'instar des jours où je fondais vers la Terre comme un oiseau de proie, il m'arrive de croire, en ce moment, que je plane à quelques mètres ici aussi, sans rien entendre. Quelqu'un a dû plonger mon cerveau dans un élixir d'oubli. Émotions engourdies. Est-ce déjà l'apathie ? À moins que, par hasard, sans même la ferveur d'un alchimiste, je n'aie percé le divin secret de l'ataraxie ? Je ne ressens rien, quand je devrais tout ressentir. Je devrais m'émietter en mille remords. Mais rien. Je suis à l'écart des autres et c'est mieux : je les dévisage tandis qu'ils n'osent pas même me jeter un regard à la dérobée.

Quand mes sentiments reviendront et que cet état d'insensibilité se dissipera, je serai submergé par ce qu'on appelle communément la douleur. Deux jours, c'est peu pour cicatriser une plaie pareille. Je courrai dans le labyrinthe des regrets, talonné par le souvenir d'un jour heureux. C'est lui, notre Minotaure, ce jour dont on ne peut pas se débarrasser, qui nous charge sans cesse dans les galeries de la conscience, nous effleure et nous encorne.

Mes pas sur la mousse sont soigneusement irréels, de même ces tenues sombres que je n'avais jamais vues ici, on dirait des trompettes-de-la-mort surgies de terre pendant la nuit, à croire qu'en montant sur la Lune tous ne pensaient qu'à l'hypothèse d'une telle cérémonie et qu'ils ont, au moment de boucler leurs valises, jeté sur leur garde-robe une tenue funéraire. Tous se sont enfouis dans le noir et dans le gris. Alors je repense à Verne, à « cette vaste mer de la Tranquillité (...) dont les flots se déversent paisiblement dans « le lac de la mort" ». La femme enceinte est venue elle aussi, comme pour effectuer un rite propitiatoire avant l'accouchement. Grâce à Dieu, il ne s'est pas produit avant le départ de la délégation ! C'eût été un trop beau cadeau pour eux, photographiés à côté du premier bambin de la Lune. Non, tout cela ne devrait survenir que dans trois ou quatre jours, après mon départ. On le dit parfait, le bébé. Ce sera une fille. On annonce plus de quatre kilos : sept cents grammes compte tenu de la ridicule pesanteur, ici. Elle arrivera après terme, elle ne se presse pas pour entrer dans l'histoire. Avec un peu de manque d'imagination, sa mère la prénommera Luna ou Séléné.

On vient d'ouvrir le cercueil et le défilé commence. Ils sont sans pitié, avec leurs mines contrites. Ne pourraient-ils pas lui adresser un sourire, quelques mots gentillets ? Désormais, le cimetière en terre d'Europe ne sera plus un simple repaire de méditation. Il y aura sous les saules cette croix de bois, un nom et deux dates : *Estrella Mayor, 2000-2029*. Peut-être les plus anciens d'entre nous ruminent-ils les images des premiers cercueils renvoyés vers la Terre à la suite d'un accident de module, il y a deux ans.

On vient de me faire un signe : *à votre tour*. J'avance vers cette bouche de l'enfer où Estrella attend de se décomposer. Pourquoi les défunts ne sont-ils pas figés, un sourire aux lèvres, comme les vivants sur les photos de famille, comme tous les présidents des États-Unis à la télé et tous les ouvriers sur les clichés des journaux d'entreprise, alors qu'ils crèvent d'un ulcère ou du blues, et qu'ils ne voudraient pas d'un sourire obligatoire ? *Et la Castille, dans tout ça ?* aurait répliqué Estrella à mon absurde question. Et la Castille, dans tout ça, murmurait-elle en guise de plaisanterie dès que nous butions sur un écueil. Avec des formules de ce genre, elle désamorçait nos tensions et ouvrait les vannes à de petits rires et nous étions sauvés pour une heure, pour un jour. La Castille ! Il doit y avoir là-bas un vieux cimetière où elle aurait pu rejoindre les siens, comme on dit, mais il fallait bien commencer ici, un jour ou l'autre. Elle ne sera pas seule bien longtemps. La Terre, en ce moment, nous observe de l'autre côté de la verrière, mais je ne peux voir si les Européens sont là au grand complet (j'entends ceux qui nous sont ou nous furent chers), s'ils sont accoudés à leurs balcons pour ne rien rater de ce spectacle. Une douleur monte en vrille du plus profond de moi, qui me penche sur le cercueil. Le voilà qui pointe, ce jour heureux que j'appréhendais. Ce jour d'école, ce jeu de chandelle un après-midi de juin où je tournais en courant autour des autres enfants assis en cercle, l'instant où je déposais un mouchoir blanc dans le dos de l'élue et continuais de courir, l'air de rien, attendant qu'elle s'en aperçoive et se lève et se lance à mes trousses. Mais non. Cette partie, je ne l'ai toujours pas achevée. La fée que j'avais choisie ne s'est toujours pas levée pour me poursuivre. Elle est là, à quelques pas derrière moi, la même distance nous sépare depuis trente ans et j'ignore ce qu'elle pense, qui elle aime. Elle change de visage et de robe et de taille, selon les jours. Car ce jour heureux, c'est aussi bien plus tard, des millénaires plus tard, le jour de notre rencontre, Estrella et moi, pour le pire, je le sais maintenant, car le meilleur, depuis longtemps, est derrière. Quand je me retourne sur la route, il me faut battre des paupières pendant plusieurs secondes et adapter mes pupilles à la lumière déclinante pour l'apercevoir au loin très diminuant, si menu.

Mon tour, donc. Je suis le dernier. Et je le revois, ce damné jour qui nous traque, tandis que quelques grammes de terre d'Europe s'échappent de mes mains. Y a-t-il, dans cette terre de plusieurs pays, des sels minéraux de Castille ? Autour, ils doivent craindre que je ne m'agenouille et que je ne l'embrasse. Qu'ils se rassurent, je n'irai pas jusque-là. J'entends déjà, près de moi, une voix très basse : « C'est bon. » Ils veulent que je me retire. Mon temps de recueillement est écoulé. Laissez-moi quelques instants... Il ne me restera plus, ensuite, que les photos, deux trois photos que j'avais prises d'elle sans penser que maintenant. Vous a-t-on déjà demandé, à vous, de claquer la porte à l'absolu, un mètre soixante-douze d'absolu brun et souriant, cyclonique dans ses ébats comme dans ses colères ? Tandis qu'on referme le cercueil je vois les souvenirs s'engouffrer, se jeter sur elle sans exception. Ce sont eux qui vont la dévorer, et non l'air ou la terre. Ici, l'air est de si mauvaise qualité. Et la terre ne sait se comporter en terre. Ils s'engouffrent comme des rats. Comment peut-elle rester impassible ? C'est la bousculade, le piétinement. Ah ! ce jour où j'étais tombé sous vos ordres, Estrella Mayor... Je n'ose revivre nos manœuvres d'approche. Était-ce ce jour-là, constatant la difficulté que vous auriez à distribuer ordres et consignes à celui qui devenait votre alter ego affectif, que vous aviez prononcé pour la première fois : *Et la Castille, dans tout ça ?* On referme le cercueil. On me demande de reculer. Je ne fais plus de différence entre leurs voix. Le cercueil va descendre à quoi, un mètre de profondeur, un mètre cinquante : en dessous recommence le sol lunaire, du basalte sec comme l'œil d'un opérateur en Bourse. On me repasse les menottes. Suivez-nous, professeur Vivien.

Il vous reste une heure de courage

Un bloc dur comme du marbre à cause du gel lunaire : voilà ce qu'est devenue Estrella Mayor en quelques minutes. Michel Vivien l'a découverte là il y a plusieurs heures, gisant. Il ne bouge pas. À travers la brèche ouverte par l'explosion, la dépressurisation a chassé l'oxygène du dôme en un rien de temps. Il lève les yeux vers la trouée. Pour une histoire de minutes, tout a basculé dans l'horrible. L'œil bleu de la Terre ne le quitte pas. Il aimerait le crever d'une décharge de foudre, d'un tir de laser qui porterait la planète à incandescence, à ce qui avait été son état primitif : une boule en fusion, malléable, comme ces bulbes de verre orangés auxquels une pince habile donne une silhouette de rêve, profil de faon, crinière d'alezan. Oui, on aurait pu tirer mieux de cette boule lorsqu'elle était magma, autre chose en tout cas que cette fabrique de surhommes compétitifs. Puis Michel Vivien abaisse la tête en direction du cadavre. Mécaniquement, et parce que sa prostration n'engourdit pas encore l'ensemble de son cerveau, il imagine ce que ce corps deviendra s'il reste ici à jamais, face à la Terre et aux étoiles. Comment un organisme, fût-il mort, réagit-il loin de toute eau et de toute atmosphère lorsque la température diurne monte à cent vingt degrés puis replonge au trente-sixième dessous ? Sans air, sans parasite pour la miner, Estrella peut rester là des siècles, embaumée. Ne pas la porter en terre ! Si on l'allongeait dans une grotte lunaire, recouverte d'une pellicule de régolite, elle demeurerait intacte. Elle s'éterniserait. À moins que la Lune, comme sa sœur bleutée, n'ait breveté un procédé analogue au pourrissement, qui permettrait l'oubli. L'oubli ! Il doit être inconnu là où le feu ne prend pas, où l'eau ne coule pas et où les bruits ne se propagent pas. Péchés, souvenirs, tout inscrit sur les parois de la Lune, sur ses planchers jamais balayés. Lune, mouchard toujours à pied d'œuvre, indic et procureur à la fois...

Maintenant, Vivien voudrait bouger. Faire quelques pas, franchir le sas, se libérer de la vue d'Estrella, ôter son casque et sa combinaison. Depuis combien d'heures est-il là, à son chevet ? Ses réserves d'oxygène ont chuté : une voix de synthèse le lui répète à l'oreille.

Il n'en finit pas de reconstituer ce qui s'est produit. Estrella gît au milieu d'éclats de verre. Elle en a reçu plusieurs au visage, au front notamment, sanglant diadème. Le lit de vérins qui commandait les mouvements du grand miroir est mutilé. Le souffle n'a pas épargné les panneaux de verre. Oh, presque rien ; il faudrait être opticien pour discerner les impacts. Mais Vivien a l'assurance que durablement, l'Œil souffrira de myopie. Trois des six grands miroirs ont été atteints. Pendant longtemps, on ne pourra plus entrer dans le quotidien des hommes comme dans un moulin. Et pourtant, si ces yeux avaient pu arrêter, ne serait-ce qu'une minute, la marche en avant du malheur ! Pendant longtemps, murmure-t-il pour se donner du courage, et il se lève, car la voix vient de se faire impérative dans son casque. Il n'a plus d'oxygène que pour *cinq minutes*. En se redressant, il la regarde. Il serait si simple d'attendre là que les cinq minutes s'écoulent. Est-ce que tous les possibles, à l'instar des souvenirs et des regrets, errent eux aussi, inaltérés, à la surface de la Lune ?

Le voici debout, à une dizaine de mètres du sas derrière lequel il retrouvera un doux mélange d'oxygène, d'azote et de gaz carbonique. Tandis que la voix, sur un ton égal, décompte les dizaines de secondes de temps/oxygène restant, Michel Vivien regarde la porte du sas, hébété. Il voit sa main sur la poignée de la porte, un doigt presse un bouton et il s'engouffre, referme aussitôt, avant que l'oxygène ait pu s'échapper. Et la voix répète : vingt secondes, plus que quinze, dix, et lentement, car ses mains ont retrouvé un peu de sang-froid, il se libère du casque, laisse tomber par terre cette sphère blanche et fait de même des poumons d'acier. Sa combinaison s'effondre comme une baudruche crevée. Il l'abandonne, il vient de muer. C'est l'enfant qu'il vient de quitter, celui qui jouait au boomerang avec les images de la Terre. Il ne pourra plus voir les siens que derrière les barreaux d'un parloir, en bas, ou dans la salle d'un tribunal convoqués comme témoins, témoins de quoi ? Que connaissent-ils de lui ?

Il est encore tôt et personne, ou presque, ne veille dans la base tranquille. Le courage l'abandonne. C'est de cela qu'il aurait dû emplir les deux bouteilles d'acier, avec la sirène de synthèse qui chanterait *Vous n'avez plus que dix minutes de courage, neuf, deux, bientôt commencera la lâcheté, voulez-vous déjà procéder à un mélange, ou continuer ainsi, plus qu'une minute, professeur Michel Vivien, dix secondes, attention, vos propres réserves ne vous suffiront jamais*.

Il préféra ne pas allumer les lumières. Les veilleuses suffiraient. Verrouilla de l'intérieur le sas qu'il venait de franchir pour que personne d'autre ne s'expose au vide lunaire. Il ne pensait pas. Ses gestes lui échappaient.

Il serait bientôt sept heures. Comme il avait pris soin au préalable de désactiver les systèmes d'alarme, le complexe était resté silencieux. Il était seul. Jamais le personnel n'avait envisagé de placer une sentinelle dans ce poste éloigné du centre d'habitations. On y venait de jour, uniquement. Michel Vivien, le 25 juillet 2029, avait introduit la méfiance sur une planète épargnée. Il allait devoir rendre compte d'un sabotage, et d'une mort ; réveiller la base en hurlant *Pendant votre sommeil, j'ai crevé les yeux de nos compagnons*. Une pensée simple s'imposait : revenir, tout dire. Est-ce à cet instant qu'une nouvelle idée germa en lui, nocive ? Il eut honte de ce que son cerveau parvenait à concevoir. Aucun mode d'enregistrement, par chance, ne permettait de capter les raisonnements qu'il ne faisait qu'ébaucher, comme celui-ci : *Borne-toi à donner l'alerte. Dis-leur que l'absence d'Estrella Mayor t'avait intrigué, dans la nuit. Que tu l'as cherchée. Ils savent, pour vos relations. Tu as eu l'idée de te rendre aux télescopes, et là. Ils te croiront peut-être. Chasse-la, cette idée noire, cette sorcière. Il faudrait pouvoir brûler certaines parties de sa cervelle, crever en soi les matrices du mal...*

Revenir. Mille et un gestes que le corps enchaînait. Enfiler la combinaison, se harnacher, ouvrir la réserve, prendre une bouteille d'oxygène, contrôler l'étanchéité de la combinaison, ouvrir un sas, entrer, faire coulisser la portière du véhicule, la rabattre... Le moteur obtempère et tu suis la chaussée, tu penses : une bonne vieille météorite, droit sur le rover permettrait d'en finir au plus vite avec tout ça. Une météorite ! Que font les dieux et les géants, au lieu de saisir leurs frondes et de me bombarder ? Ils s'entraînaient si bien lorsque la Lune était inhabitée, pan dans le mille, à toi, mais depuis que nous avons construit la base, pas un impact à cent kilomètres à la ronde, à croire que notre arrivée les a désarmés.

Voici les sites d'habitations souterrains, un tunnel avale le véhicule. Qu'as-tu fait, Michel ? Que leur as-tu fait ? Ces savants serviles comprendront-ils ? Si Estrella était à tes côtés, contre toi, tu aurais le cran de te rendre, mais tu es là, débarquant, qui te tais au lieu de hurler tout de suite. Entends-tu de nouveau la voix de synthèse ? Vous n'avez plus qu'une heure de courage, cinquante minutes, ensuite le renoncement prendra le relais. C'est une voix sans âme, le timbre d'une pendule qu'on croit si doux durant les siècles de l'enfance mais qui sonne si dur aux insomniaques du vieil âge. Tu viens d'ôter ta combinaison. Ne pleure pas. Pas de reproche. Tout à l'heure, oui, quand tout sera réglé. Tu remontes sans bruit les couloirs déserts, crains de croiser un noctambule, mais tout va bien, tu t'enfermes à double tour dans ta cellule. C'est à Sandorf que tu souhaites t'adresser et à nul autre, au vieux Sandorf qui assista, tout jeune, devant un téléviseur noir et blanc, à la découverte des Amériques lunaires. Lui saura t'écouter, parler aux autres. Tu entends déjà ses questions pressantes et d'entre elles une, qu'il répétera à tue-tête, mais que faisait-elle là-bas, que faisait-elle. Tu vas le lui expliquer. Tu as plusieurs heures devant toi pour le faire sur papier, car Sandorf et la délégation ne reviendront pas avant la fin de journée de la base chinoise où ils doivent te chercher, à l'heure qu'il est. Assieds-toi, cesse de trembler et prends une feuille, une liasse plutôt, et écris-lui, le mieux sera de ne rien dire, de lui tendre ces aveux où l'on comprend ce qu'Estrella Mayor tramait si tôt sous le dôme d'un miroir de huit mètres, car maintenant tu as tout reconstitué, il ne reste plus de zone obscure. Tu sais, à peu de chose près, tu disposes d'une version fortement plausible, et c'est tout ce qui leur importe, au fond.

Les vérités parallèles

Les points d'interrogation tombent et s'écrasent comme des fruits trop mûrs lourds d'une pulpe capiteuse. À quel moment de cette nuit fatale, puisqu'il ne sera plus question que d'elle désormais, faudrait-il remonter pour en dévier le cours vers une issue que j'aurais souhaitée contraire... Dans la gare de triage des souvenirs couve l'anarchie, courent les rumeurs de grève. Je recherche les aiguillages, les embranchements qui entrelacèrent ces heures, butant systématiquement sur la fin du long dialogue – duelogue serait plus exact – que nous avions eu, Estrella et moi. Chacun avait épuisé ses arguments. Il régnait un silence d'après fusillade ; par terre, les douilles de mots blessants. Elle n'était pas loin de m'avoir convaincu. Je la soupçonne de s'être arrêtée à un cheveu, une phrase avant d'avoir tout gagné. Au bout de ce silence, sa voix s'était élevée, qui articulait trop bien les syllabes, j'ignore pourquoi. « J'ai tout tenté pour vous persuader que vous faisiez fausse route, Michel. Vous savez exactement ce que je pense. Nos chemins se séparent ici. Mais avant que vous ne sortiez, j'aimerais que vous souleviez ce matelas et que vous preniez tout. Je n'en veux plus. À vous d'en faire le meilleur usage. »

Sous un emballage en carton, ma main droite comptait une demi-douzaine de pains d'explosifs. J'en reconnaissais l'origine à leur forme et aux inscriptions à l'encre noire : une notice dans une langue slave. Du *Bostex*. Il y avait de quoi faire sauter la moitié de la base. « Je les ai subtilisés de nuit, il y a un mois, dans les entrepôts des mines, comme on me l'avait demandé. Cette nuit-là, pour contrer les premiers doutes, je m'étais décidée à franchir un pas. En cachant les explosifs chez moi, je devais avoir envie qu'on les y découvre. Qu'on me dénonce le plus tôt possible. Vous, par exemple, Michel, sans savoir que vous jouiez l'un des trois rôles. Vous ! J'aurais juré que vous étiez étranger à tout ça. J'aurais aimé qu'un homme jaloux comme vous savez l'être s'introduise chez moi en mon absence et fouille de fond en comble, jusqu'à tomber dessus à l'improviste. Regardez bien : voilà sur quoi, plusieurs fois, vous êtes venu vous étendre à mes côtés. Vous voyez, j'ai douté jusqu'à maintenant. Pourquoi ne pas les avoir rapportés ? Nuit après nuit, pendant des insomnies de plus en plus longues à mesure qu'approchaient les cérémonies, je me le suis demandé. Peut-être avais-je des comptes à rendre à l'Organisation, à ses émissaires ici. Et parce que cette conversation sans issue, avec qui que ce soit, devait avoir lieu. Alors, maintenant que c'est chose faite et que nous n'avons plus rien à nous dire, Michel, prenez tout.

— Comment ?

— Ça n'excède pas quatre kilos. Ces pains sont très puissants. À vous de jouer. Il est encore temps, puisque vous y tenez. La base dort.

— Et vous ?

— Je dors également. Une excellente nuit, sommeil profond. Et croyez-moi, je vais dormir tard, ce matin. Nous sommes dimanche. Je ne vous ai pas vu. Vous ne m'aurez pas vue. Nous avons eu une liaison de quelques semaines. Et après. Pour les autres, ça s'arrêtera là. Vous prenez ces explosifs, Michel, et vous en faites ce que vous voulez. Allez au bout de votre raisonnement si bon vous chante, ou rapportez-les aux entrepôts. Quant à moi, je n'ai jamais rien eu à voir avec tout ça. Les preuves, de toute façon, manquent. »

Je crois que je ne l'écoutais déjà plus. Il persistait de sa voix une musique chère qui me ramenait en pensée à une nuit que nous avions passée dans cette chambre il y a trois semaines, à quelques centimètres au-dessus des explosifs. En fouillant ma mémoire, sans rien trouver d'autre qu'un amas de moments communs où la chronologie n'assurait plus son rôle de contremaître, je ne quittais pas des yeux le double fond du lit.

Estrella-Pandore s'était étendue sur un canapé, face à moi. Elle me fixait en souriant. Qu'attendait-elle ? Je n'avais jamais su lire dans ses pensées ; les clés qu'elle m'avait données pendant cette conversation auraient pu m'aider, notamment les clés de ses doutes. Je consultai ma montre. Ses jambes fines et phosphorescentes, qui allongeaient des foulées puissantes de sprinteur canadien, couraient cent fois trop vite. Trois heures ! Un silence redoutable nous renvoyait à nous-mêmes. Si je ne partais pas immédiatement, je ne le ferais jamais. Je fonderais un foyer avec Estrella et tout autour l'homme resterait un loup pour l'homme. Elle m'observait à la manière d'un serpent qui hypnotise sa proie. Et une voix indifférente, métallique, me versait au creux de l'oreille : *Plus que cinq minutes de courage, professeur Vivien, après quoi la lâcheté, souhaitez-vous déjà faire un mélange...* Une voix de synthèse avait succédé à celle d'Estrella dont les lèvres ne bougeaient plus.

⁂

Deux heures après avoir quitté Estrella Mayor, tout était prêt. Michel Vivien avait piégé chacun des grands miroirs et programmé leur explosion pour l'heure convenue. Il pouvait annuler ou retarder la série de déflagrations et, si un danger s'annonçait, avancer l'heure fatidique. Il était maître du temps, à la seconde près, reclus à l'intérieur du point focal. Nul ne pourrait l'atteindre dans ce réduit sourd-muet : il avait mis hors d'état les systèmes d'alarme afin que les explosions n'alertent ni la base ni la Terre ; en revanche, si quelqu'un d'aventure venait à rôder par ici, il ne le saurait qu'au dernier moment, lorsqu'on s'acharnerait sur les portes blindées. Cinq heures. Dans peu de temps, l'aube, en bas. Tous ceux qu'il aurait aimé voir surgir dans l'oculaire dormaient. Michel Vivien était calme. Il mit en marche les télescopes. Avec les premières lueurs du jour, peut-être y verrait-il un peu plus clair en lui. La station balnéaire apparut au bout de quelques minutes de manipulations. De plus en plus nette, de plus en plus proche. La route des crêtes commençait à pâlir ; au fond de l'anse, tout restait *période bleue*. Tout lui paraissait plus proche. Encore quelques jours et il toucherait le sol. Il filmerait leurs vies. Vivien fixa l'hôtel d'où il avait vu sortir Allan, la veille. Il était resté sans voix au-dessus de son fils. Combien de fois étaient-ils descendus dans cet établissement aux balcons et volets bleus, avec vue sur le port, le château et le cap ?

Comme il devait faire chaud sur cette Terre, cette nuit... Les fenêtres étaient grandes ouvertes. S'il avait été quelque peu moins à la verticale, il se serait glissé obliquement dans les lits des chambres. Quelles chambres pouvaient-ils occuper ? Il se remémora plusieurs séjours, au tout début de sa médiocre carrière de conjoint, lévita un moment au-dessus de l'hôtel, quand, sur un balcon du dernier étage, il distingua un instrument qu'on ne pouvait identifier avec certitude, mais dont le trépied trahissait la nature. Que la lunette fût placée là en vigie l'émut profondément. Allan avait-il localisé Herschel ? La Lune entrait ces jours-ci dans son dernier quartier, le terminateur dorait les crêtes du cratère... Vivien dériva à quelques centaines de kilomètres à l'ouest. La cour d'école sommeillait dans les brumes. Le pic du Midi. Toulouse. Les Pyrénées himalayennes. Il sentait sa détermination faiblir. L'instrument qu'il maniait était le meilleur qui soit pour voir évoluer ses mondes anciens, ceux, celles qui avaient compté pour lui à un moment ou l'autre et qu'il avait perdus. Voilà deux mois qu'à sa guise, avec pour uniques contingences les nuits terrestres et les intempéries, il survolait sans bruit, traquait en toute impunité. Combien d'amis éloignés, combien d'anciennes maîtresses avait-il retrouvées, aurait-il retrouvées, combien de fois était-il revenu sur les hauts lieux de ses enfances ? Il vivait en état d'ivresse, gitan du ciel promu au grade de titan. À l'instant où il était sur le point de virer de bord, il se disait qu'il pouvait bien attendre quelques semaines, octobre ou novembre, ou l'année prochaine. Il verrait l'automne, les forêts rougir, roussir, Allan grandir, Anouck faner, et ses amis, ses amies, et tout. Arrête, Michel. Tu t'adonnes aux sentiments. À quoi servirait de tout prolonger, puisque cela n'avait plus aucun sens ? Il était six heures trente. Il réorienta les yeux de la Lune vers le port et pensa quelque chose de général et vide du genre : on t'a envoyé ici dans le but de te battre pour des idées. Pour tes idées.

Chez Monsieur Brun, on installait sièges et tables rouges en terrasse. Au France, on ne tarderait pas à faire de même, puis au Bar de la Marine. Le café du Grand Large prendrait son temps, se trouvant en bord de plage il n'avait personne à servir avant la fin de la matinée. Un dimanche apaisant allait commencer par des claquements de volets, quelques appels et le tintement des cloches au fond du vieux quartier. Des promeneurs feraient leur apparition pour acheter du poisson à la criée. Soudain, à cause d'une sonnerie de téléphone, il remonta sur la Lune à la vitesse de la lumière. Qui appelait pareil endroit à six heures trente-cinq ? Il était bien trop tard pour avoir peur, et il commençait doucement à saisir le sens de l'irréversible. Il regretta aussitôt d'avoir répondu.

« Michel... J'avais peur de ne plus vous trouver. Écoutez-moi, un instant. Arrêtez tout. Cela ne nous sert à rien. »

Il la laissa parler, parce qu'il croyait que plus rien ne pouvait l'atteindre, et parce qu'elle avait dit *nous*. Elle n'avait jamais l'habitude de parler longtemps. Il était à peu près certain qu'elle l'appellerait et ne s'en irritait pas.

« Revenez. En vous voyant partir, j'étais sûre que vous seriez de retour dans une heure, après avoir rapporté les explosifs. Que faites-vous ?

— J'ai passé la moitié de la nuit à vous l'expliquer. Votre place devrait être ici.

— Vous allez arrêter, tout de suite. Dois-je supplier ?

— Tout sautera dans une demi-heure, Estrellita. Vous l'avez dit vous-même : vous dormez. Vous allez dormir. Vous ne savez rien et serez la première étonnée, tout à l'heure, quand j'aurai donné l'alerte. Rendormez-vous.

— Si vous revenez maintenant, tout sera sauf. Pensez à vous, à ceux que vous observez dans vos lunettes, et à nous.

— *Lunettes*, Estrella. Vous y avez déjà pensé ? Petites lunes…

— Ne plaisantez pas. Pensez à nous, Michel. Nous resterons ici encore quelques mois et à notre retour en bas, nous pourrons vivre ensemble, comme bon nous semble, à l'air libre, hors de ce terrier, loin de ces écrans et de ces jardins sous cloche. Ce n'est pas ici que nous pouvons nous aimer. Revenez, pensez à nous.

— Vous pensez à l'amour, maintenant ? Estrella Mayor tire sa dernière cartouche. Vous prétendez avoir *aimé* ? »

Chaque *nous* surgi des lèvres estrelliennes l'avait touché au plus profond. Il avait fallu attendre cette nuit pour qu'elle invente la tendresse et le pluriel. Maintenant, elle avait raccroché. Clore tout ça sur un si pitoyable échange – et il s'accusait de l'essentiel des bassesses – laissait un goût amer. Estrella avait raison, et il n'avait pas tort. Il aurait fallu subdiviser la réalité en vérités parallèles et réversibles, proclamer que chacun avait raison. Ainsi la vie aurait-elle commencé d'être vivable, entre les hommes. Il voulut revenir à l'oculaire et coller un dernier œil avant le moment du black-out, quand le téléphone sonna de nouveau.

« Michel, acceptez une seule chose. Retardez tout de vingt-quatre heures. Vous savez que je respecterai votre choix si, d'ici là, il n'a pas évolué.

— Vous savez très bien que si j'attends vingt-quatre heures mon choix changera. Si j'attends vingt-quatre heures, j'enterre ces explosifs au plus profond d'une grotte de la Lune et nous partons d'ici dès notre mutation acquise. C'est pourquoi je ne peux pas attendre. Je ne peux pas me faire confiance au-delà de quelques minutes, ma chère amie… »

C'est lui, cette fois, qui mit fin à la conversation. Il mutila sans attendre le téléphone afin qu'il ne sonne plus. Le compte à rebours se poursuivait : moins d'un quart d'heure. Les portes étaient correctement verrouillées. Il pouvait s'offrir le luxe du dernier plongeon dans les profondeurs de l'atmosphère, du dernier haut-le-cœur quand la Terre vous saute au visage. Le port connaissait un semblant d'animation. À l'hôtel, des estivants s'étaient levés pour rabattre les contrevents et échapper au soleil. Anouck peut-être, nue. Dans une demi-heure, on servirait un petit déjeuner aux plus matinaux. Il s'attardait sur les balcons aux volets bleus. Oui, maintenant que le jour était levé, cela ne faisait plus de doute. À la troisième fenêtre du deuxième étage, en partant de la droite, une lunette était braquée vers le ciel. À quoi bon attendre, maintenant. C'était ça, l'essentiel : qu'il ait voulu le voir. Une pression sur un bouton, maintenant. Le bouton qui obtempérait. Une vibration de quelques secondes, ou plus exactement six vibrations successives. « Parfait », pensa-t-il. Les six miroirs ne rendaient plus qu'une image floue d'une Terre indéterminée.

Michel Vivien soupira. Il sonda le silence des lieux, silence délicieusement antéhumain, comparable à nul autre. Lentement, il revêtit sa combinaison pour aller constater l'étendue des dégâts. Il ne s'était jamais senti aussi maître de lui-même. Il dominait la situation.

Du point focal, on accédait aux coupoles des six miroirs de l'Œil par les *bras*, boyaux qui formaient les branches d'une étoile d'une centaine de mètres de rayon. À chaque extrémité, on débouchait sous le dôme d'un télescope. Comme il fallait toujours craindre un bombardement de météorites, des sas isolaient ces salles des longues coursives, afin qu'une dépressurisation locale n'entraîne aucune conséquence sur l'ensemble du réseau. Vivien se dirigea au hasard vers le troisième télescope et déverrouilla le sas. L'explosif avait déchiqueté le soubassement du miroir et mutilé le lit de vérins ; la voûte n'avait pas été atteinte par les éclats.

Peu après, il atteignait le deuxième miroir. La charge explosive avait paralysé les vérins. À première vue, et bien qu'il fût difficile d'établir un diagnostic précis, le miroir proprement dit paraissait intact, lisse comme jamais mais condamné au strabisme.

Puis il s'intéressa au premier des miroirs, s'arrêta devant le sas protecteur et entreprit de le déverrouiller. La première porte glissa convenablement sur ses rails et se referma sur lui, mais la seconde résista. Un système de sécurité la bloquait. Il comprit que la déflagration avait dû provoquer une dépressurisation, ferma son casque et débloqua manuellement la seconde porte. Son premier regard, à l'intérieur, fut pour la nef, qui laissait maintenant goutter les étoiles. Après, seulement, ses yeux descendirent, graduellement. Il ne fallait pas être un expert pour constater les dégâts infligés au monocle, dont une partie avait volé en éclats. Ces éclats s'étaient éparpillés par terre, sur un corps sans combinaison qu'il reconnut aussitôt. Évadé du présent, il revit le jour où ce corps s'était mis à nu pour lui, revécut en un éclair bien d'autres moments et s'agenouilla autant que le permettait son armure. Machinalement, il effleura le visage d'Estrella. Il ne pouvait ni hurler, ni appeler, ni ouvrir sa visière pour l'embrasser, ni arracher un gant pour lui prendre une main. Il maudissait la Lune. Il se maudissait, tout près d'elle. Des éclats de verre l'avaient atteinte et le souffle de la déflagration l'avait projetée contre les dalles. Sous l'effet du froid brutal, sa peau avait bleui. Il ne comprenait que trop. La liaison téléphonique interrompue, elle avait tenté de le rejoindre au plus vite. Croyant qu'il en était à piéger les miroirs, parce que le point focal ne répondait plus, elle était venue en courant, à pied, par la galerie de secours reliant la base au télescope le plus proche, sans avoir enfilé une de ces combinaisons paralysantes. La mort l'avait saisie quand elle débouchait dans cette salle. Et tout ce qu'il trouva à se dire fut, sans même que cela sonne comme une question : pourquoi avait-elle attendu, pourquoi, après lui avoir laissé le champ libre, était-elle revenue à la charge ? Pourquoi avoir attendu l'extrême limite ?

⁂

Voilà ce qu'il aimerait mettre au clair dans ses aveux à Sandorf, car si Estrella Mayor avait pu donner l'impression d'une complicité tacite, elle avait, en dernier ressort, cherché à tout empêcher. Renoncé et pris peur à reculons : en l'exilant aux cérémonies d'Apollo XV et à la base chinoise, puis, à son retour, en se battant argument contre argument, en l'envoûtant par son verbe. Mais quelle avait été la voix la plus persuasive ? Quelle sirène avait chanté avec le plus de conviction le décompte des dernières minutes de courage, et où avait-il trouvé la cire pour se boucher les oreilles ? De sa main gantée, il chassait quelques éclats de verre du visage gelé, et plus il y pensait, plus il comprenait que son erreur avait été de revenir de là-bas, de ces cérémonies, de ces délégations, de cette base étrangère où elle l'avait exilé pour sauver quelque chose qu'il n'avait pas daigné regarder en face.

Ce que disait Karamazov (Ivan)

Oui, résolument, en refaisant le chemin de croix des dernières heures, il comprenait qu'il n'aurait pas dû revenir de cette base chinoise. Comme il l'avait pressenti, personne n'avait remarqué son retour. En temps européen, on était en toute fin de soirée. Le trajet ne lui avait pas pris une heure. Nul, ici, ne s'était aperçu de l'arrivée d'une chaloupe. Qu'aurait-il inventé si on l'avait surpris ? Il savait dans quels locaux veillait, alcoolique, l'« équipe de permanence ». Les autres devaient s'être retirés dans leurs chambres pour dormir ou faire semblant, se droguer de Terre via la télévision et les radios d'en bas. Il n'avait qu'une centaine de mètres à faire pour rejoindre, au bout des galeries, le logement d'Estrella Mayor.

Lorsqu'il fut devant sa porte, il tendit l'oreille. Il avait appris à sonder le silence des couloirs et des bureaux et à faire abstraction des souffleries pour capter le moindre froissement. Avec un peu de chance, elle ne serait pas là. Mais bientôt il perçut une suite de mélodies qui empiétaient les unes sur les autres. Estrella balayait nerveusement les fréquences radio. Rien d'autre que cette voix polyglotte aux inflexions fluctuantes, hachée par des indicatifs, des crachotements et des gargouillis et qui répétait : *Je suis la Terre, Ia Zemlia, Jam Toka, I am the Earth, Sou a Terra, Erde, Terra sum*, Ἔγωγε εἰμὶ γῆ, Ἔγωγε εἰμὶ γῆ...

Toute sa vie, Michel Vivien avait redouté de frapper aux portes. Peut-être ces peurs n'avaient-elles été que le prélude à celle-ci, non qu'il craignît de déranger Estrella – il ne pouvait plus que la bouleverser ou la choquer –, mais parce qu'il ignorait qui, exactement, respirait derrière la porte. Il ignorait qui était cette femme dont il était tombé en amour mais qui, les jours passant, n'avait cessé de lui inspirer de la méfiance. Plus que tout, il appréhendait le moment où, ayant ouvert la porte, elle s'apercevrait à qui elle avait affaire. Ne valait-il pas mieux que tout en restât là ? Quelle rage, quel dépit l'avait poussé jusqu'à ce palier ? À son corps défendant, Michel Vivien était devenu le gardien de souvenirs précieux qu'il ne voulait faire disparaître. Prêt à entrer en force s'il fallait, il frappa.

Il avait frappé doucement, pour ne pas éveiller l'attention des autres cellules car tout, ici, était feutré ; il allait falloir s'expliquer dans un quasi-silence, en écoutant une musique quelconque.

Estrella parut dans la pénombre et mit de longues secondes à comprendre ; il profita de son hébétude pour entrer et referma. Il la vit alors à la lumière. Durant le trajet, il avait songé sans cesse à ces instants. Il ne restait plus qu'à les vivre. La civilisation va devoir se mettre à inventer de nouveaux mots au lieu de les exterminer par centaines, se dit-il. Cette bête traquée ne ressent ni stupeur ni étonnement, ni ébahissement, ni terreur. C'est d'un alliage étrange qu'il s'agit, où l'envie de perdre, celle de sauver les meubles et celle de retourner la situation à son actif sont encore de force égale. Cela lui donne cette pâleur, cette absence d'expression sur le visage...

« Je te croyais à Ératosthène.

— J'y étais, jusqu'en début de nuit. »

Il s'assit et la regarda.

« Un café, Michel ?

— Non, merci. »

Elle allumait une cigarette. Le temps allait faire une pause sur ces instants. Par effet de loupe, les dilater à l'infini. Dans cet anti-temps, il la neutraliserait, ferait le compte des mystères de sa propre vie, de ses impasses et des déroutes. Qu'était-ce, en ce moment ? Il aurait aimé que ces minutes leur servent à tous deux d'issue de secours vers une autre vie.

Elle n'était que deux pupilles sur lesquelles l'inquiétude déposait sa patine, très vite. L'image de l'intrus pénétrait loin en elle puis, comme un reflet à la surface d'un étang, tremblait et s'estompait. Le professeur le sentait, elle cherchait à retrouver un semblant d'assurance. Elle énuméra les noms de trois ou quatre alcools forts auxquels ils avaient coutume de s'adonner et lui versa celui qu'il demandait, avec lenteur, en cherchant à contrôler quelque chose dans l'air épais de sa chambre. Quand leurs lèvres frôlèrent le rebord des verres, elle s'arrêta et reposa le sien.

« Pourquoi êtes-vous là, Michel ? Revenu précipitamment, pourquoi ?

— C'est à vous de m'expliquer ce que je dois faire. Je suis venu chercher les ordres qui me manquent, c'est tout. »

Elle marqua un silence, puis, en détachant curieusement ses mots, comme si elle avait voulu qu'il lise sur ses lèvres :

« À moi de vous dire que j'ai tout fait pour vous éloigner d'ici. Je ne vous apprends rien. Je n'ai pas relayé le message qui aurait dû vous faire comprendre qui, exactement, j'étais pour vous, n'est-ce pas. Vous avez raison, l'heure des explications a sonné. Asseyez-vous. En quelques minutes, nous allons anéantir deux mois. Il vous a donc prévenu, à Ératosthène, c'est bien cela ? Je pensais que là-bas, au milieu des délégations, il serait « neutralisé », incapable de vous aborder, ou convaincu qu'il n'en était plus temps. Et vous de même. Je me suis trompée sur vous, en fait. J'avais parié que quoi qu'il arrive, vous ne bougeriez plus. Vrai, je vous ai sous-estimé.

— Vous aviez parfaitement raisonné, Estrella. Mais vous n'avez pas eu en main toutes les cartes.

— C'est-à-dire ?

— Qu'importe. La vue de mon fils, à la terrasse d'un restaurant. Je ne sais pas comment vous expliquer. Vous connaissez *If*, le poème de Kipling. Allan a modifié le dernier mot du dernier vers. *Tu seras un homme, mon père*. Je ne peux pas vous expliquer. Et puis il y a vous, Estrella : si les événements des derniers jours ne nous avaient pas autant éloignés, je n'aurais probablement pas bougé d'un pouce. Maintenant, expliquez-vous, pour que ma colère retombe. Dépêchez-vous. L'ambiguïté que vous entretenez, vos silences multiples l'alimentent comme les affluents d'une coulée de lave. Je vous aime d'une haine folle, Estrella, alors apaisez-moi tout de suite, confirmez-moi que je n'ai rien compris. Si vous n'aviez pas changé de cap aussi bizarrement. Si je ne vous avais pas fait aveuglément confiance...

— Si...

— *If you can trust yourself when all men doubt you./ But make allowance for their doubting too...*

— Vous avez saisi bien des choses, mais vous ne pourrez pas non plus tout comprendre seul. Laissez-moi remonter au jour de mon arrivée sur la Lune, il y a huit mois, avec la détermination qui convient à ce genre de mission. Des femmes sur la Lune, il y en a peu. Des femmes chargées de responsabilités, et *a fortiori* des agents doubles, venant pour détruire ce qu'au préalable elles vont construire et diriger pendant des mois, c'est rare. Au début, j'ai ressenti une solitude comme nulle part sur Terre je n'en avais connu.

— Estrella...

— Dans l'espace, l'esprit, ivre d'abord, explose sous les pressions, comme la tête d'un plongeur à une profondeur excessive. Vous vivez, mais une part de vous a glissé dans l'autre monde. Au bout de quelque temps, l'espace provoque une lésion interne grave. Ne cherchez pas à comprendre, Michel. Vous êtes ici depuis trop peu de temps. Je vais m'adresser à vous avec la part de mon cerveau qui a tenu bon ; l'autre, c'est la face cachée, tournée vers le vide. Nous sommes il y a huit mois. Je ne vous connais pas. Vous ignorez que des hommes vont vous contacter pour cette mission. Vous vivez sur Terre. Au fil des mois que je vais passer ici seule – je veux dire, sans lien avec quelque membre de l'Organisation et sans savoir quand l'opération aura lieu –, je me retrouve au contact de scientifiques qui œuvrent à l'édification de l'humanité et que la seule idée de *découvrir* exalte. Michel (comme sa voix avait pris un timbre étrange !), je vais m'apercevoir peu à peu qu'en bas, dans les rangs de l'Organisation, les points de vue que nous défendions étaient souvent sommaires. Ils rejetaient sciemment tel ou tel paramètre d'importance afin de faire coller la réalité à nos thèses. Ce qui nous manquait le plus, c'était une vision globale de la complexité du monde. Vous allez me trouver ridicule, mais c'est ici que j'ai acquis cette vision globale, ce pressentiment de l'extrême imbrication des contraires apparents. Au fil des mois, je me suis retrouvée comme ces riches Américains dépressifs qu'on expose à la Terre plusieurs heures par jour pour les guérir par de fortes doses de contemplation.

— Vous disiez, tout à l'heure, que l'espace…

— Oui. On ne doit pas en abuser, malheureusement. L'esprit humain n'a pas été conçu pour y vivre. À la longue, il ne résiste pas, sauf s'il voit la Terre, sans cesse, et encore.

— Je suis là depuis plus de deux mois, Estrella, et je n'ai ressenti aucune des révolutions intérieures dont vous parlez. Bien au contraire. La fragilité de la Terre m'est apparue durant le vol et tout au long de mon séjour ici, et m'a conforté dans mes pensées. Alors que vous avez renié les vôtres, les nôtres. Ici seulement, on peut comprendre que la Terre peut être épiée comme une chambre de bonne. Quelques centaines de télescopes géants greffés à la surface de la Lune, quelques milliers de satellites et au sol, des caméras de surveillance partout, gares, aéroports et salles d'attente, des sondages lâchés à vos trousses comme des chiens policiers, des carottages incessants dans ce qui reste de pensée, un matraquage habile dès la naissance, et le tour est joué. On peut alors tranquillement clamer *Liberté* dans toutes les langues du monde puisque le libre arbitre a rendu l'âme.

— Que voulez-vous que je vous réponde ? Je suis d'accord. Mais ce que vous ne comprenez pas, c'est que je ne suis plus *uniquement* d'accord avec vous. Ce que vous défendez, ce que j'ai longtemps défendu, est une vue bien trop partielle de la réalité...

— Je crois que vous avez oublié ce qu'est la vie sur Terre. Vous l'avez idéalisée.

— Vous tenez encore à mener l'opération jusqu'au bout, Michel. Je le craignais. Pourquoi ? Brutalement, elle avait haussé le ton. Réactionnaire, vous l'êtes dans l'âme, croyant appartenir au bon camp ! Vous refusez d'ouvrir les yeux sur votre époque. Vous êtes l'homme du XIXe siècle qui rejetait le train parce qu'il voyait en lui une machine infernale, l'homme du XXe qui diabolisait la télévision pour des raisons tout aussi futiles. Vous appartenez à cette classe d'hommes mystiquement en retard d'une génération, habités par la peur du lendemain. Mais je le sais, il y a en vous suffisamment d'honnêteté intellectuelle pour accepter d'écouter l'autre et vous laisser convaincre, n'est-ce pas ?

— Peut-être. On commence à communiquer au moment où on accepte d'avoir tort et d'être converti par l'autre. Acceptez-le aussi, faites-en votre règle de conduite, en ce moment.

— Je connais par cœur vos idées pour les avoir partagées sans exclusive et y être encore sensible, Michel. Mais je vous l'ai dit, ces derniers mois m'ont fait réfléchir plus que bien des années sur Terre.

— Vous êtes captive de la technicité, de l'ivresse que le progrès génère. Vous allez imaginer que vous resterez jeune parce que vous êtes à *la pointe* de quelque chose. Vous ne supportez pas d'être dépassée. Vous tenez éperdument à être dans le vent. Vous avez cessé de penser par vous-même ; tout ce qui sort de votre esprit n'est que de la vérité d'importation.

— Je repense à ces vieux grognards qui, au XXe siècle, craignaient l'énergie atomique. Ils avaient forcément raison quand l'homme menaçait de s'en servir contre lui-même. Mais ils n'avaient pas l'imagination assez subtile pour comprendre qu'aujourd'hui elle sert à sauver l'homme, à propulser ses fusées plus loin que jamais ou à improviser des boucliers antimétéorites. Le jour où la Terre sera menacée d'une collision de ce genre, nous pourrons empêcher la fin du monde grâce aux ogives nucléaires... Voulez-vous d'autres exemples ? Si l'homme a mis pied rapidement sur la Lune, moins de vingt-cinq ans après la chute du nazisme, c'est grâce aux V1 et aux V2 de Hitler. C'est parce que les Américains ont fermé les yeux sur le passé de Wernher von Braun et l'ont mis à leur service. Et si nous avons fait tant de progrès en médecine, récemment, c'est grâce aux recherches sur le clonage animal et humain, que vos semblables, à la génération précédente, ont tant combattu ! Vous commettez exactement la même erreur qu'eux, en ce moment. Vous raisonnez à court terme, au présent, alors qu'il faut conjuguer vos réflexions au futur... Les meilleures retombées d'une innovation ne se font sentir que tard. L'homme veut d'abord s'aveugler, se replier sur lui-même et ne voir que le revers de la médaille, parce qu'il redoute cette face cachée de lui-même qui veut aller au-delà du connu et qu'il appelle *apprenti sorcier*. Voilà en quoi j'ai évolué ces dernières semaines, seule. Personne ne m'a « retournée ». Personne ne m'a achetée.

— Le diable s'est offert les services d'une bien habile et belle avocate, Estrella. Vous avez bu ses idées jusqu'à la lie. Il n'y a pas de pires ennemis que les apostats, qui veulent faire oublier leur foi antérieure et en rajoutent dans l'anathème. Pouvez-vous m'expliquer quelles seront les retombées positives d'une société dite démocratique où l'individu est filmé de son lever à son coucher, où sa vie privée est à la disposition des juges ? Pouvez-vous me dire ce qu'a de démocratique un monde où le consentement est fabriqué dès la naissance d'individus persuadés par la suite qu'ils sont libres, parce qu'on a su à merveille guider leurs pensées ? Savez-vous encore ce que sont les moyens de contrôle, indolores, de l'homme par lui-même ? Il faut être un surhomme, ou un fou, pour échapper à tous les détecteurs de mensonges qu'ils ont installés en nous...

— Arrêtez ! Rendez-vous un peu à la raison.

— À quelle raison ?

— Vous n'êtes plus dans un monde totalitaire, Michel. Il n'y a plus de complot, de super-État qui vous opprime ; finissez-en avec vos cauchemars, avec les chimères qui n'existent que dans votre esprit ! Les complots que vous dénoncez ne sont que des hallucinations.

— Dans un État totalitaire, explique Chomsky, ce que les hommes pensent n'a jamais eu vraiment d'importance. La peur et la matraque suffisent à les faire parler d'une seule et même voix. C'est dans les pays démocratiques que les pouvoirs contrôlent le plus vos pensées. Qu'ils y attachent une réelle importance. Voilà pourquoi le pouvoir perfectionne ses tables d'écoute et pointe ses microscopes sur les âmes. Il veut savoir avant vous ce que vous allez penser. Notre monde appartient aux seigneurs de guerre, seigneurs de la guerre militaire, économique, médiatique. Ce sont eux et leurs laquais qui ont mis en place, sous couvert d'États fantoches, des systèmes de contrôle de l'homme par lui-même, vous le savez bien... Du pain et des jeux, voilà ce qu'ils jettent dans notre cage pour nous rassasier. Nous sommes une civilisation sous hypnose. Leur système est à ce point parfait qu'un esprit comme le vôtre succombe à leurs mirages et va faire échouer ce que nous préparions depuis des mois...

— Permettez-moi de terminer, Michel. La liberté magique dont vous vous prévalez n'est pas la panacée. Il arrive que d'autres priorités, comme la simple survie, l'alimentation, la sécurité des populations aient parfois prééminence et relèguent un peu plus loin cette notion, abstraite jusque dans votre esprit. C'est pour ça, entre autres, que je ne suis plus d'accord. Ce que ces télescopes prétendument monstrueux vont nous apporter, dans la prévention et le combat des catastrophes, inondations, incendies, dérèglements climatiques, dans la sauvegarde des vies humaines et pour l'agriculture dépasse les risques qu'ils font peser sur notre conception de la liberté.

— La sécurité des populations ! Vous savez bien que la multiplication des réseaux de vidéosurveillance n'a jamais fait baisser le nombre d'agressions... Elle a toujours eu bon dos, la sécurité. Éviter des inondations au Bangladesh ? Il a bon dos, le Bangladesh, qui se noie depuis des siècles dans ses propres égouts. Tout le monde se contrefout du Bangladesh à la City. Non, Estrella. Vous avez baissé les bras, vous aussi... »

Il parlait d'une voix calmée, à peine audible, presque pour lui-même. « Car rien, disait Ivan Karamazov, n'a jamais été plus insupportable pour un homme ou une société humaine que la liberté. Voilà pourquoi les pouvoirs, magnanimes, ont accepté récemment d'interrompre leurs recherches sur le clonage humain. Il ne leur était plus nécessaire de mettre au monde une race de sous-hommes serviles et corvéables à souhait : elle existe déjà. C'est vous, c'est moi.

— Si l'homme rejette la liberté, pourquoi la lui imposer ? Arrêtons vite cette discussion. Quant à votre propre liberté, elle reste entière. Voyez, je ne décroche aucun téléphone pour vous dénoncer. Je ne compte pas vous mettre des bâtons dans les roues.

— Vous m'avez envoyé à l'autre bout de la Lune, avec ces fêtards encravatés, au milieu d'une colonie de Chinois, dans l'espoir que je ne sois pas au bon endroit au bon moment et vous ne cherchez plus à entraver ma route ? À quoi jouez-vous ? »

Elle s'était dressée brutalement, sans trouver ses mots. Ils mirent longtemps à venir, par saccades, puis jaillirent violemment.

« À quoi je joue ? À quoi j'ai joué avec vous... Vous vous prévalez de défendre la pureté de l'esprit et doutez à ce point de celle qui vous a aimé ? Vous vous méfiez d'elle, c'est ça ? J'aurais singé l'amour pour vous « retourner », pour annihiler votre volonté ? Mensonge... Je vous disais qu'il manquait des paramètres à votre réflexion et, sans eux, vous avez beau être intelligent... Lorsque, voici trois mois, nous avons reçu une note avertissant de votre arrivée, j'ignorais encore que vous deviendriez mon complice. Cette note, accompagnée de votre photo et de vos états de service, d'un résumé de vos publications et de vos recherches, je l'ai lue et relue. Je vous connaissais de nom. Nom devancé d'une réputation élogieuse. Dans le mois qui a précédé votre venue, je me suis mise à vous imaginer. Je vous attendais. Je ne pouvais m'empêcher d'attendre l'arrivée du vol V45 par lequel vous étiez annoncé. Simple curiosité, n'est-ce pas ? C'était ainsi. J'ai vingt-neuf ans. Je ne suis pas encore entrée de plain-pied dans le monde de la rationalité, malgré mes hautes études scientifiques. (Elle sourit, puis s'assombrit.) Savez-vous quand j'ai appris, de la bouche du troisième, que vous étiez notre complice ?

— Le " troisième "... Comme vous refusez de prononcer son nom...

— C'est si inutile.

— Je crois comprendre.

— Il y a trois jours. Juste avant la conférence inaugurale, au moment où je m'y attendais le moins. Je pensais que l'opération avait été définitivement abandonnée. Et lorsque l'autre m'a adressé la parole pour me transmettre les premières consignes et m'a parlé de vous, quelque chose s'est arrêté. C'est la partie noire, cachée, qui reprenait le dessus en moi. »

Vivien avait frémi. L'ombre descendue ce jour-là sur le visage de son amie, il en comprenait subitement l'origine. Il se souvenait de son arrivée en retard, dans la salle, elle si ponctuelle. L'impression qu'Estrella rayonnait différemment. Ses traits tirés. Il s'était dit, comme on se dit toujours : Elle est ailleurs. Elle en aime un autre.

« Vous aviez déjà décidé de ne plus agir ?

— Je ne voulais pas me l'avouer. Je n'étais pas au pied du mur. J'avais la conviction qu'en bas on avait renoncé. Les semaines et les semaines avaient passé sans le moindre signal, alors je m'étais dit que j'étais en sommeil, qu'il me fallait profiter des jours en espérant ne jamais avoir à m'éveiller.

— Depuis ce moment, juste avant la conférence... Vous n'avez jamais été tentée de me dire, de me faire part... Nous n'avons pas cessé de nous voir !

— Si, Michel. J'ai franchi le pas, une fois. Vous n'étiez pas là. Vous étiez parti seul vers Ptolémée. Je vous avais cherché partout et quand j'avais réussi à vous joindre je vous avais presque imploré de revenir. Mais vous étiez encore à au moins une ou deux heures de moi.

— *Quelque chose d'urgent*... Et vous deviez me parler, ensuite, après le banquet...

— Entre-temps les écluses s'étaient refermées. J'en étais devenue incapable. Par la suite, j'ai retenté, sans succès. Je vous ai appelé, mais je n'ai pas pu prononcer un mot. Par téléphone, de toute façon, c'était dangereux. J'aurais voulu vous décourager, vous faire comprendre quelque chose qui n'était pas encore très clair pour moi. Mais vous veniez d'arriver de la Terre ; votre ardeur, vos idées n'avaient pas encore faibli.

— Qu'importe maintenant. Nous sommes là et vous nous avez mis dans un pétrin noir. Ouvrez les yeux ! Il est encore temps, et aidez-moi... Vous ne voyez pas que vous vous êtes rangée du côté d'un monde qui veut connaître les humains pour qu'ils ne lui échappent jamais, pour que son ordre se perpétue sans anicroche et qu'il en soit l'unique inspirateur ? Vous avez oublié ce que nous disions, qu'un monde n'évolue que sur ses marges, sur ce qui échappe au contrôle et œuvre à contresens. La Lune à laquelle vous travaillez, c'est l'œil d'un père autoritaire qui paralyse son enfant, l'empêche d'aller où le vent le mène. Mais l'enfant se révoltera un jour et ne voudra plus entendre parler du père. Méfiez-vous du monde que vous fabriquez, où même l'imagination est devenue suspecte quand elle ne sort pas anesthésiée, passée à la gomina des sondages et des statistiques.

— D'accord, Michel. D'accord sur tout. Arrêtez !

— Mais alors ?

— Je crois que tout ça pourra être corrigé à l'avenir, quand on aura constaté les excès…

— Excès ? Mais ces méthodes d'encadrement de la pensée, dès la naissance, de surveillance *pour améliorer votre sécurité et votre bien-être,* forment la base de leur pensée ! Il ne s'agit pas de s'attaquer à des excès, mais aux rouages d'une machine, non pas à ses ratés ni à ses défauts, Estrella…

— Tout ça pourra être corrigé, abrogé si vous voulez, lorsque cela aura prouvé sa nocivité…

— Il sera trop tard pour allumer des contre-feux. C'est comme dire que les armes nucléaires seront démantelées après une guerre atomique dévastatrice.

— Vos exagérations, toujours. Votre penchant pour la caricature. Ce que vous allez saboter, c'est le combat perpétuel de l'homme pour sortir de lui-même et aller vers l'autre, pour quitter sa planète et trouver ailleurs sa survie ou son bonheur. Vous allez saboter cette aventure qui a commencé un jour où la première tribu, morte d'ennui, a quitté sa caverne et les alentours pour aller voir ce qu'il y avait de l'autre côté de la forêt ou de la montagne. Ce que nous faisons ici n'est autre que poursuivre ce voyage. Regardez les bases lunaires. Aucune méfiance. Les seuls contrôles ont lieu avant le départ de la Terre : identité, état de santé de chaque voyageur. L'espèce humaine est installée ici depuis quinze ans, laissez-la en paix. Et dites-moi combien de vols ont été commis ici, combien de crimes et combien d'attentats, combien d'escroqueries ? Vous allez introduire le germe du doute, qui détruira la confiance de l'homme en lui-même, la confiance de l'homme dans cette catégorie de personnes vouées, que cela vous plaise ou non, au bien des autres.

— Au bien-être des millions d'hommes qui seront observés, signalés, ne pourront franchir aucune frontière, et je ne parle pas du droit, du devoir de désertion. Bien sûr, ici, personne n'a jamais volé ni assassiné son voisin, n'a jamais détourné de fonds ni tenté de s'enrichir illégalement. Avec les salaires que nous touchons, avec la vie que nous menons, ce serait bien incongru. Mais je vous parlerai d'un autre délit, moral, car il repose sur un vide juridique qui n'est pas près d'être comblé. Ce délit consiste à s'introduire dans la vie de chacun pour en faire un coupable, quoi qu'il fasse, à quelque moment de la journée, car si vous observez les hommes comme nous le faisons, à la manière des dieux, vous pouvez transformer n'importe qui en un coupable, croyez-moi. Et là, vous les tenez, les hommes. Les plus farouches, les plus téméraires deviennent des brebis quand vous produisez les preuves, telle photo de lui-même ou de son auto à tel endroit à tel moment. Ils vous écouteront, ces hommes, obéiront. En installant un judas sur la Lune, nous engendrons un monde sans mensonge. Nous nous faisons les complices de ceux qui étudient les réactions du cerveau. Nous démasquons. Pourtant, le bien le plus cher qu'ait l'homme, peut-être, c'est le mystère, le secret, les croyances, son aptitude à dissimuler. Il a appris de tout temps à mentir pour se défendre. Privez-le de ça... Vous obtenez un monde sans contes ni romans, sans Histoire. Une fin du monde sans autre catastrophe que la décomposition de l'esprit. Bien sûr, nous n'en sommes pas encore là, et nous pourrions éviter d'en arriver à ce stade, quand bien même nous construirions des dizaines d'autres télescopes. Mais tout ce qui est entrepris sur Terre, Estrella, pour pousser les foules dans les filets dérivants de la Vérité n'augure pas du meilleur. Je crois que le moment est venu de dire non. Voilà. Je vous ai tout dit, ou presque.

— Oui, nous nous sommes tout dit. »

Ils s'étaient tus. La jeune femme avait allumé le téléviseur. La caméra extérieure leur renvoyait une Terre laiteuse, brouillée. En tendant le pouce, on parvenait à la cacher. Un doigt masquait neuf milliards d'humains. Combien d'entre eux, pendant cette éclipse digitale, avaient péri, renoncé à leur dernier rêve ou perdu la clé de leur énigme ?

Elle avait coupé l'image et cherché dans les yeux de Vivien la réponse qu'elle devait lui faire, l'attitude qu'elle allait adopter. La vie, ses études et ses expériences ne l'avaient pas formée à ce genre de situation. Mais elle comprenait que chaque péril donne à un moment ou l'autre sur une issue de secours qu'il ne restait qu'à localiser. Par intervalles, alors, elle réentendait Michel Vivien lui disant de sa voix douce et obstinée, au cours des dernières semaines : « Vous êtes cette part de moi-même avec laquelle je ne serai jamais d'accord, jamais d'accord. » Et elle le regardait comme elle ne l'avait peut-être jamais regardé ; c'est-à-dire qu'elle ne voyait plus exactement le même visage, à moins que l'autre n'ait ôté un masque. Il paraissait très fatigué et tirait obstinément sur une cigarette comme si le petit mégot rougeoyant, par un principe de combustion particulièrement efficace, parvenait à faire durer ces instants, à les étirer, eux aussi, et à lui redonner quelque énergie. Depuis que sa messagerie avait sonné en début de matinée pour annoncer le déclenchement de tout ça, Michel Vivien n'avait pas eu une minute de répit. Son corps, son cerveau avaient brûlé plusieurs années de vie dans cette journée au goût amer à cause de huit mots phosphorescents.

Derrière les miroirs sans tain

… Michel Vivien allait renoncer à eux, à tout, et ne se sentait plus le courage de rien. Il allait présenter sa démission, pour tout, amour, amitié, idéal et profession. Renoncer, oui, avec une ferveur rare. Il allait tirer la langue à ses maîtres et bourreaux, claquer la porte en crachant dans la soupe, ou vice versa. Mais un petit bruit de crécelle se fit entendre. Cette cigale maléfique le terrorisa. Il sursauta et plongea une main au fond de sa poche, pressa nerveusement le bouton lecture de la messagerie pour interrompre ce tocsin. De petites lettres de phosphore étaient à l'origine du tintement répété. Elles formaient sur l'écran minuscule huit mots d'une luminescence insoutenable : *Déclenchez tous deux opération Myosis, demain sept heures*. Il eut la présence d'esprit d'effacer aussitôt le message. Ces petites impulsions électriques pouvaient-elles le trahir ? Il tenta de raisonner. Le pire qui aurait pu arriver aurait été qu'on lise par-dessus son épaule ou, qu'à son insu, on s'introduise dans la mémoire de la messagerie. Il pressa tous les boutons, s'assura que les mots avaient bien été effacés. L'envie lui vint d'écraser l'appareil pour le réduire définitivement au silence. Avant même de ressentir quoi que ce soit, il fut emporté par les remous de ses réflexions. Il aurait voulu retrouver le contrôle de ses pensées, mais quelque chose était trop fort. Qui étaient les deux autres, où étaient-ils. On ne pouvait capter, avec ces messageries, que des signaux émis de la Lune. Le troisième était là ; il lui demandait de passer à l'acte avec le deuxième. L'équipe était constituée. Rapidement, il recevrait un nouveau signal ou ferait une rencontre qui lui révélerait les traits de ses complices. Les visages des cinquante-quatre membres de la base Europe et celles des invités venus d'Europe tournoyèrent. Ce n'était plus lui qui courait autour d'une ronde d'enfants pour jeter un mouchoir, mais un cercle d'adultes dont la danse de sabbat, autour de lui, empêchait de distinguer les visages.

Au bout d'un moment, le tourbillon cessa. Il reconnut certaines têtes, hideuses, et secoua la sienne. L'impression de roulis et de nausée s'éloigna progressivement. Ainsi tout avait été conçu pour le rendre fou, depuis la Création. Le sens de toute chose était d'accabler le professeur

Vivien, pour lequel, exclusivement, le monde avait été conçu selon les plans des meilleures salles de torture. Il tremblait de la tête aux pieds et son jumeau oriental ricanait horriblement. Il posait une main sur son épaule en chuchotant : *Lâche du lest, tout de suite. On cherche à t'éprouver et tu ignores presque tout. Si tu veux tenir, laisse-toi porter. Tes châteaux de sable font rire les gueules d'écume des raz-de-marée. Ils savent où tu es. Te conduiront où tu dois aller, le moment venu. Qui ? Qu'importe. L'Organisation a cent visages et n'en a aucun.* Des gouttelettes de sueur irriguèrent les rides du front de Vivien, puis ces rides débordèrent. Il croyait voir enfin clair. Les télescopes étaient braqués sur lui. Ses années d'enfance, la cour et les tilleuls, ses habitants, les écoliers, son fils et son ex-femme l'observaient d'en bas comme pour lui dire : « Qu'as-tu ? Dans quelle impasse t'es-tu aventuré ? Pourquoi devais-tu faire tant de milliers de kilomètres, de verstes, de lieues, de lis et de toises et de milles pour comprendre que tu étais mieux parmi nous sans idée ni idéal ? »

Vivien se leva, chassa des spectres en battant l'air autour de lui. Il lui restait quelques heures de liberté avant le départ pour Apollo XV. Toute la matinée, il serait ici seul maître à bord. Dans l'après-midi, une équipe viendrait le relayer pour effectuer des réglages, tester les lits de vérins et affiner les mises au point. Il n'ignorait pas que la délégation montée d'Europe comptait un militaire, certes en civil. C'était le premier, ici. Il ne venait pas pour étudier les rebonds des roquettes sur le flanc des cratères ni la démarche chaloupée d'un régiment de janissaires en apesanteur. C'est l'Œil qui l'intéressait, la Terre. Pour lui, plusieurs démonstrations étaient prévues le lendemain. Mais militaire ou pas, Michel Vivien entendait maintenant au fond de lui sonner à toute volée un tocsin qui n'avait jamais servi et n'arrêtait plus. Il avait encore le temps, une dernière fois peut-être, de reprendre ses ailes, fondre à travers les ceintures de Van Allen et d'atteindre, dans son liquide amniotique tout tiède, la graine bleutée. Il colla l'œil contre l'oculaire et mit du temps à retrouver le port où il soupçonnait les siens de séjourner. Le tremblement qui persistait lui rappela des expériences de lointains cours de biologie. Ces êtres monocellulaires qui cherchaient en tout sens une issue de secours... Aujourd'hui, c'était une baie, une jetée et un phare, une basse-cour de masures dans les jupons d'un clocher et quelques hôtels fardés, quelques poignées d'humains là rassemblés qu'il venait de coincer entre deux lamelles, de ses doigts de titan, sous le microscope. Il en oublia le message et la Lune. Tant de couleurs, dans ce port ! Tant de vie, dans si peu d'espace ! Il détenait le meilleur contrepoison à la fuite du temps : la possibilité d'épier ses congénères à leur insu, quand bon lui semblait. Il acquérait l'omnipotence et l'omniscience d'une divinité. De cette jouissance qui inondait son cerveau de douces substances chimiques naissait une impression d'ébriété qui favorisait le plus délicieux des oublis.

Après avoir erré sur les quais, il inspecta les terrasses de café, mais une poussée de parasols à pois blancs, ouverts d'un jour à l'autre comme des amanites tue-mouches, le chassa des lieux. Il ne trouverait rien de ce côté. Alors il dériva. Une place, un parking. Des pompes à essence au garde-à-vous. La plage était déjà densément peuplée ; des femmes étendues lui offraient une vue imprenable sur leurs appas. Michel Vivien quitta l'oculaire un instant pour consulter sa montre. Bientôt, il serait contraint de porter sa famille disparue et d'abandonner les recherches. Selon toute logique, pourtant, ils étaient là, quelque part, il aurait fallu défolier des rangées de parasols, déshabiller des fenêtres et des boutiques de leurs rideaux et de leurs stores pour apercevoir quelque chose, détuiler des toits et des toits par centaines... Röntgen ! Quand les hommes de demain auront mis au point des télescopes à rayons X, nous pourrons voir au-dedans des mondes... Il s'immobilisa à l'oblique de l'hôtel où ils avaient séjourné plusieurs étés. La lumière du moment lui rappela des jours anciens avec une précision douloureuse. Le porche d'entrée et la terrasse de l'établissement, le quai et les bateaux de plaisance firent revenir en mémoire des lectures de plage, une foule de petits événements sans importance, des odeurs, des apéritifs, des accrochages avec Anouck, un pique-nique joyeux à Port-Miou, une randonnée sur la route des crêtes, le vertige d'Allan au sommet du cap. Soudain, il prêta attention au va-et-vient sur le quai. L'apparition d'une silhouette connue dans l'oculaire, devant l'hôtel, le fit douter d'avoir encore sa raison. Dans quelle forme de folie hallucinatoire était-il tombé ? Il ne pouvait y avoir aucun doute sur l'enfant, à moins qu'un sosie portât les vêtements d'été qu'il avait offerts à son fils peu avant son départ. Il remerciait le ciel d'avoir permis un tel miracle un tel jour. À combien de mètres était-il de lui ? On avait évalué que par la meilleure luminosité, la distance relative à laquelle on croyait évoluer devait être de vingt-huit à trente mètres au-dessus de la Terre. Le père rêva que des rayons plus purs encore, ces rayons fossiles perdus aux frontières de l'univers, viennent éclairer la station et qu'il puisse s'approcher un peu plus encore. Un mètre ou deux... Et puis ? Il aurait fallu fracasser à grands coups de hache les miroirs sans tain derrière lesquels il regardait la vie.

Allan avait pour consigne de les retrouver à midi. Un vent du large le transit au sortir de l'hôtel. Il cligna des yeux, car il avait lu pendant plus d'une heure un livre d'astronomie dans sa chambre aux volets mi-clos. Quelle luminosité ! Depuis leur arrivée, il n'avait pas voulu aller à la plage. Il avança vers le restaurant en traînant des pieds et les vit, attablés au fond, au-dessus de l'eau, à la terrasse. Leur apéritif, comme chaque jour. Leurs olives noires et leurs airs entendus de mammifères gavés, de couple hébété qui a satisfait sa libido. Allan n'envisageait pas sans une certaine anxiété de fêter son anniversaire. Leurs expressions, leurs sourires gluants. Tout allait puer le miel. Tu ne manges rien. Souris un peu. Quand ils eurent commandé le dessert, ils plongèrent tous deux leurs mains dans des sacs et posèrent des cadeaux sur la table. Allan tendit une main et tâcha de se souvenir : on ouvre d'abord, habilement, en faisant quelque effort pour ne pas déchirer le papier, on cherche à deviner le contenu puis on déchire nerveusement le papier parce que le bolduc a été conçu pour humilier, on ouvre et on s'extasie en souriant franchement, pendant plusieurs secondes. Tenir *plusieurs* secondes. Comme les années précédentes, il allait tâter les paquets. Il ne comprenait pas leurs risettes. Depuis plusieurs jours, les sourires l'inquiétaient. Il aurait préféré naître dans un pays où l'on ne sourit jamais. Celui qu'il fit devait avoir quelque chose de forcé, car la mère lui dit : « Ça ne va pas ? » Et le « beau-père » renchérit : « Si ça ne te plaît pas, bien sûr, pas de problème pour changer. J'ai gardé le ticket. » Allan releva les yeux des miettes et des reliefs vers cet homme au sourire de dents jaunes, qui n'avait jamais été méchant envers lui, ni trop gentil, ni trop quoi que ce soit, mais prévenant, comme il fallait. L'enfant se leva tranquillement et prit les paquets. Il les jeta le plus loin qu'il put en direction du phare, dans la voie d'eau où des goélettes rentraient au port pour le déjeuner. Un des bateaux d'excursion emporta les paquets dans son sillage mousseux, et Allan les suivit des yeux jusqu'au moment où il fut sûr qu'ils n'échapperaient pas aux remous et qu'aucune vague ne les rejetterait sur aucun rivage.

Comme une voiture de luxe sous un drap blanc

Comment pouvait-il imaginer qu'en s'envolant pour les Apennins et Ératosthène, il serait de retour le lendemain à l'aube ? Cette question mère, qui se subdivisait en un delta de sous-questions, reviendrait tant qu'il n'aurait pas obtenu une esquisse de réponse. L'avion avait décollé de Herschel il y a moins d'un quart d'heure ; il enjambait déjà la rainure de Flammarion. Il cinglait à une vitesse incroyable au-dessus de ce monde stérile, avec dans ses flancs ce qu'on appelait des chaloupes-micro-avions pour trois à quatre personnes qui pouvaient, en cas d'avarie grave, s'éjecter à tout moment du ventre de l'appareil. Les rebords des cratères étaient dorés, leurs pitons centraux galbés, leurs arènes noires. On effleura Schröter, on rasa la mer des Vapeurs. C'était un paysage à serrer le cœur. Vivien ne regardait pas en bas. Il ne quittait pas les visages des passagers, qui n'avaient d'yeux que pour la Lune. Schröter, la mer des Vapeurs, cet horizon plus incurvé que sur la Terre, *Lacus Felicitatis* et les préalpes des Apennins : ils n'échangeaient qu'interjections et exclamations. L'un après l'autre, Vivien les fixait. Saurait-il jamais. Quoi. De la même race que toi, ces hommes. Il évoluait depuis plusieurs jours dans un bal masqué où l'on compterait tôt ou tard des victimes. On s'était donné le mot pour le rendre fou. Ox. Hatteras. Sandorf. Montague. Robur, Zacharius, Grant. Et vingt, trente, quarante autres montés d'Europe, ou des subalternes de la base, qu'il croisait tous les jours et n'avait jamais soupçonnés encore. Maintenant ? Le vacarme aurait pu tout permettre. Quand viendrait-elle, cette tape sur l'épaule, cette chiquenaude du Destin ? Il sentait parfois des doigts mortellement froids et se retournait d'un quart, on l'avait seulement frôlé, on s'excusait avant de passer son chemin. Sa tête s'était transformée en une clepsydre dont les gouttes, en s'écrasant, rendaient un son voisin de *quand*. Quand, quand, quand tombant d'une citerne, quand, si ce n'est maintenant, viendrait-on à lui ? À regarder les hommes de près, on perçoit ce qui feint de les préoccuper. Au-dessus du paysage, Sandorf avait posé sur ses traits un masque mortuaire. Robur se consumait à l'idée qu'un accident, même sans gravité, les tuerait si d'aventure un choc dépressurisait l'appareil.

Montague ne décollait pas l'œil d'un objectif et mitraillait les ravins ; Ox restait impassible ; et nul n'aurait pu dire ce que camouflaient ces masques de tragédie antique. À mesure que l'avion prenait de l'altitude, le paysage gagnait en majesté. On survolait la chaîne des Apennins, que les pilotes tenaient pour la plus spectaculaire montagne de la Lune. Vivien en oublia l'improbable chiquenaude. Il bannit ses souvenirs et ses attentes et ne fut plus qu'aux pentes grises, d'une infinie douceur. Seconde après seconde, il était dépossédé de lui-même. Les conversations, les interjections avaient tourné court. On approchait. On perdait de l'altitude pour côtoyer ces monts. Les passagers découvraient les sommets, les ombres, les reflets qu'avaient décrits les astronautes. L'humanité était déjà passée par là ; pendant soixante ans, elle avait omis d'y revenir. Elle n'avait fait que survoler les épaves laissées par Irwing et Scott au décollage, pour s'assurer qu'ici les souvenirs ne rouillent ni ne s'oxydent. En soixante ans, le monde d'en bas s'était déchiré, réconcilié, l'homme avait poussé un peu plus loin l'enquête sur lui-même. Il avait accumulé des indices, des pistes puis des preuves accablantes. Et ici, comme une voiture de luxe qu'on aurait laissée dans un garage sous un grand drap blanc, le Moon Rover d'Irwing et de Scott étincelait, sans même besoin d'un coup de chiffon.

Les délégués étaient en vue du site. Michel Vivien aurait-il senti à cet instant la chiquenaude sur son épaule, il n'aurait pas réagi, ou aurait murmuré : plus tard, plus tard. Il avait honte. C'était une honte au carré, multipliée par elle-même, sans commune mesure avec celles qu'il avait pu connaître jusque-là. Les douze astronautes de la mission Apollo qui avaient foulé le sol lunaire se tenaient derrière lui avec leurs visages de 1969-1972, visages de conquérants comblés, pacifiques et radieux qui semblaient dire aux autres : ne nous décevez pas. Soyez dignes de nos exploits. Or la honte de Michel Vivien ne cessait de croître. Tour à tour Armstrong, Aldrin, Conrad, Bean, Shepard, Mitchell, Scott, Irwing, Young, Duke, Cernan, Schmitt venaient lui murmurer quelque chose à l'oreille, et de ces bribes il ressortait que la Lune ne voulait pas du péché originel. Qu'en soixante ans l'homme avait évité d'y importer ce qu'il avait de pire en lui. Là vivait une communauté d'érudits que la beauté du diable n'avait pas séduits, parce que le matériau qu'ils manipulaient – la connaissance – était infiniment plus excitant et plus fécond. Vivien se retourna brusquement. Ses compagnons de voyage, absorbés par le paysage, ne prêtaient aucune attention à lui. Ox restait sans expression. Robur et Hatteras devaient discuter de végétaux. L'idée de commettre un sabotage parut à Vivien plus qu'incongrue, anachronique, vaine, insultante et basse. Il eut peur de signer là des aveux d'impuissance, de déshonorer une race entière.

Cependant l'avion survolait le site d'alunissage. La rainure de Hadley, large et douce comme ces grands canaux que les Chinois creusent avec une science consommée, et ce mont Hadley-Delta qui figure sur toutes les photos-souvenirs de la mission. Irwing saluant les couleurs américaines à côté du Lem et du rover, avec le sommet blanchâtre en arrière-plan. Pense à la guerre du Viêt-nam, Michel, lui chuchotait son jumeau oriental. Les douze apôtres de l'espace avaient disparu. À l'époque où ils saluaient le drapeau américain, des B-52 éventraient des enfants et leurs mères. Des hélicoptères passaient un pays entier à l'insecticide. Flytoxés, aussi, les enfants d'Hiroshima et de Nagasaki, vingt-cinq ans plus tôt ! Et aussi sincères étaient-ils, ils avaient beau jeu, les anges de la NASA, d'afficher des visages, comment disais-tu ? comblés, pacifiques, et radieux. Cesse donc de fabuler ! Ils étaient aux ordres, eux aussi, ordre de sourire, ordre de photographier leurs empreintes et leur drapeau, surtout le drapeau, dont les étoiles étaient autant d'obus à larguer sur le Viêt, ordre de plaisanter, de prononcer une phrase historique à un moment prédéterminé, pendant qu'en bas on plaisantait au napalm. Mais ils avaient pu voir la Terre, pensa Vivien. Et ça, ils n'en avaient pas reçu l'ordre. Un esprit avisé aurait dû leur dire : Ne la regardez jamais, lorsque vous serez là-haut, jamais, vous m'entendez bien. Car ils n'étaient plus revenus tels qu'ils étaient partis, ils n'étaient plus des Terriens dominateurs et sanguinaires, non parce qu'ils avaient foulé un Sahara glacial et planté leur petit drapeau, mesquin comme tous les petits drapeaux, mais parce qu'ils avaient vu soudain la Terre de très loin, en douce, comme on va fumer dans les chiottes à l'adolescence.

Après quelques survols, ce fut l'alunissage. Des appareils arrivaient des différentes bases et se posaient à une distance respectable du site. Michel Vivien vivait une réplique de ce qu'il avait vu, sur les écrans, à la mer de la Tranquillité. Cette fois, il était l'un des singes blancs reliés les uns aux autres par une radio, couvés par des caméras. À son malaise se conjuguait le fait de savoir qu'avec moins de deux secondes de décalage, des téléspectateurs suivaient la scène sur leurs téléviseurs, sur la Terre, et au nombre de ces téléspectateurs, un homme entré un jour de pluie dans un café du boulevard Saint-Michel, auquel il aurait dû dire non. Aucun des singes blancs, absorbés par les cérémonies, ne se souciait de lui. Il était un pantin, réactivé le matin même au moyen d'un message expédié de nulle part. Vivien aurait aimé les quitter pour une de ces excursions en solitaire qu'il affectionnait, et marcher suffisamment longtemps pour avoir la certitude de manquer d'oxygène sur le chemin du retour.

⁂

En milieu d'après-midi, heure de la base européenne, les délégations étaient remontées à bord de leurs appareils respectifs. La Terre et ses hommes avaient reçu leur dose de commémorations : des représentants de l'Unesco, de l'Unicef, de l'Assemblée générale de l'ONU, de l'Umacieg, de l'Unomog, du HCS et de toutes les puissances spatiales avaient posé des plaques, juré de protéger le site et planté des drapeaux. Du sommet du mont Hadley-Delta, le soleil avait imperceptiblement entamé sa descente vers les fonds noirs. Après le décollage, Vivien, dont la nervosité allait crescendo, s'était agrégé à un groupe auprès duquel Ox jouait le cicérone. On survolait les Apennins. Vivien aurait aimé surplomber ces paysages dans un monde meilleur où Anouck Valence n'aurait jamais existé, où Estrella Mayor serait restée fidèle amante et où l'entrée des cafés du boulevard Saint-Michel, un jour de pluie du printemps dernier, aurait été interdite. Ox avait pris à part quelques invités d'Europe, parmi les plus éminents. Il excellait. Ses connaissances passaient au scanner ceux des monts restés dans l'ombre, bousculaient les chaînes de montagnes pour montrer, derrière, la rainure de Bradley ou l'écorce d'un cratère. Sa verve enjambait l'incompétence de ces hommes tout ouïe et vulgarisait à une vitesse étonnante, comme un jongleur polyglotte passerait du tartare au wolof ; il étonnait. Mais soudain il aperçut le regard perdu de Vivien et sembla le foudroyer, ou l'interroger. Une secousse signala que l'avion prenait de l'altitude pour franchir les sommets de Huygens et d'Ampère. Ox continua mais jeta à la dérobée un œil vers Vivien.

« ... Huxley, exemple de cratère alvéolaire de quatre kilomètres de diamètre, sur le fond basaltique de la mer. Car voici la mer des Pluies, ridée par un système de rainures ou de raies de déjection provenant de Copernic. Nous serons bientôt en vue d'Ératosthène et de la base chinoise, où nous serons hébergés pour la nuit. Demain, sur cette mer, est prévue une longue excursion, jusqu'à ses rivages sud, puisque les premiers rayons de l'aube lunaire, qui, vous le savez, est infiniment lente, créent là-bas, en ce moment, les plus beaux spectacles qui soient. » Qu'avait-il à le fixer ainsi ? Vivien s'éloigna du groupe. Hatteras le regardait de biais. Montague, le teint cireux, faisait mine d'écouter Robur : « ... sur cette mer, nous avons constaté l'étrange phénomène de *mascons*, anomalies du champ de gravité qui nous ont longtemps laissés perplexes. » Montague lui décocha un regard. Hatteras l'évita. Le pilote grimpa brutalement à trente mille mètres d'altitude : la Lune, au-dessus de l'appareil renversé, était un plafond baroque que des fous avaient enduit de stuc. Vivien eut la nausée. Ce plafond gris faisait penser à un champ de tir. Quels dieux de la guerre s'étaient acharnés ici ? Quelles pièces d'artillerie avaient labouré la Lune ? On avait coupé les moteurs. L'avion se mit à tanguer. En flottant, il remontait doucement vers Érathostène. Les regards se firent plus durs. Vivien se sentait mal. Les moteurs rallumés, on vit la surface se rapprocher et certains distinguèrent les lueurs de la base chinoise. Quelques minutes plus tard, l'équipage posait le pied dans un hangar. De la zone internationale de la base d'Ératosthène ils se dirigèrent vers le hall où les attendaient leurs collègues asiatiques.

La stratégie du ver dans le fruit

Au soir de l'avant-dernier jour des célébrations, la base du cirque d'Ératosthène, dont les murailles surplombent la mer des Pluies, hébergea plusieurs centaines de délégués des quatre coins de la Terre. Ce fut, pour clore dans le faste le soixantième anniversaire de ce qu'on nommait ironiquement, entre Chinois, un « grand bond pour l'humanité », le plus grand rassemblement de personnalités jamais vu sur la Lune. On recensait un journaliste pour trois V.I.P. Les chambres qu'on affecta aux délégations furent réparties en « quartiers », en fonction des diverses nationalités ou alliances politiques, de sorte qu'après les toasts, les discours sur l'amitié éternelle et le banquet, l'homme retrouve le souvenir des barbelés.

À l'arrivée à la base, la ligne de crête du cratère venait d'être atteinte par le Soleil et présentait au voyageur un immense anneau d'or. Ainsi parée, la Lune avait de quoi rendre fou l'orfèvre le plus sage, d'autant plus que le piton central, au milieu d'un lac d'ombres, scintillait comme un diamant.

Vivien se retrouva seul pour un bref repos dans la cellule qu'on lui avait affectée. C'était une pièce aux murs dénudés par endroits, où le béton affleurait. Au-dessus du lit trônait le portrait d'un homme qui n'avait pas souri depuis le jour de la Création. Échoué sur la table de nuit, un transistor barré d'idéogrammes, au-dessous desquels on lisait : *Made in the People Republic of China*. Vivien tourna un bouton, écouta une chanson de variétés en cantonais puis éteignit. Il s'étendit quelques instants sur le petit lit en bois, après avoir ôté de sa poche la messagerie qui l'accompagnait partout. Les dernières heures, passées à guetter le moindre signal, à étudier l'altération des physionomies connues l'avaient épuisé. Il était vidé de lui-même. D'un instant à l'autre, des doigts agiles pouvaient remettre en branle le pantin qu'il était, en tirant sur des fils invisibles. La torpeur qui le gagnait était zébrée d'éclairs de haine, et il complotait d'échapper au marionnettiste et de fuir. Quel automate n'avait rêvé de couper les fils quand dort son montreur ? De s'animer, de s'évader ainsi que Pinocchio vers l'enfance ? Vivien s'endormit très vite. Mais à peine venait-il d'échapper aux serres d'un cauchemar que de petits coups se firent entendre à sa porte. Il posa pied à terre et, aussi bas qu'avaient été les coups, murmura : Qu'est-ce que c'est ? Les bruits reprirent, à peine plus marqués. Vivien trembla et finit par se lever. Il devait être fiévreux, il avait très froid. Il ouvrit la porte et se retrouva face à Ox, le visage terreux, qui lui dit de sa voix impersonnelle : « Il est l'heure, Vivien. »

⁂

Machinalement, le professeur articula : « De quelle heure parlez-vous ?

— De la chinoise. Vingt heures trente, ici. N'oubliez pas qu'ils ont cinq heures de décalage avec nous. Avancez votre montre.

— Vous avez l'air épuisé, vous aussi.

— Dépêchez-vous. La réception débute dans dix minutes. Les autres attendent en bas. »

La base chinoise avait cela de singulier qu'au contraire des autres, elle avait été creusée dans la roche des gradins supérieurs du cratère et non dans l'arène. Les galeries qui abritaient la station débouchaient sur les deux versants du cirque d'Ératosthène, l'intérieur, où la vue plongeait dans les ténèbres, et l'extérieur, où la réception aurait lieu. De ce côté-là, les rayons mortels ne frappaient pas encore et les immenses panneaux n'avaient pas été rabattus sur ce balcon. À trois mille quatre cents mètres d'altitude, les hôtes de la République populaire émergeaient des galeries pour pénétrer dans un hall planté d'arbres, irrigué de canaux. Le long du flanc vitré de ces jardins, le visiteur surplombait sur des lieues et des lieues la mer des Pluies, grisée, qui laissait paraître ses premiers récifs : dorsales, craterlets et la carapace de petits monts.

Après les discours de bienvenue, Michel Vivien s'agrégea à un groupe d'Européens qu'un ingénieur chinois guidait dans un anglais de contorsionniste, d'un palier à l'autre des jardins en terrasses. Les hautes marches qui reliaient les étages rappelaient le chemin de ronde de la Grande Muraille. La baie vitrée qu'ils longeaient donnait elle aussi sur le septentrion. Il tressaillit. Dans les ténèbres de la mer des Pluies venait de vaciller une faible lueur. Il tenta de tirer quelque chose du guide. « Poste avancé. *Mass Concentration*, anomalie du champ de gravité. Études sur le terrain. Forages ! Demain, excursion. Demain, croisière sur *Mare Imbrium !* » Et le guide partit d'un rire sonore sans fin, comme s'il jetait en l'air des poignées de points de suspension de la couleur des confettis.

Le petit groupe d'Européens qui s'était détaché de la foule des convives comptait une quinzaine de personnes. Petit à petit, dans l'extrémité basse du jardin, maintenant que le guide les laissait vaquer à leur guise, les visiteurs s'étaient dirigés vers les parapets de l'abîme et faisaient silence. Au loin, le brouhaha. Michel Vivien s'était replié plus à l'intérieur, entre des massifs de bambous roseaux, et s'était assis sur un banc. Il avait décidé de ne plus bouger. Les minutes passèrent. Il sentait des silhouettes tantôt se rapprocher, tantôt s'éloigner. Parfois, deux ou trois personnes passaient en conversant, sans le voir. Il en était sûr, pourtant. Le montreur de marionnettes était à sa recherche. Il ne tarderait plus. L'heure tournait. Ses nerfs étaient à vif. Le moindre bruissement dans les alentours le mettait en alerte. À plusieurs reprises, il vit des silhouettes rôder. Il aurait aimé s'endormir, se laisser aller à la torpeur qui l'envahissait, s'il n'y avait eu ces ombres qu'il apercevait encore d'un œil et qui tournaient, tournaient, se rapprochaient ou s'éloignaient comme des oiseaux de proie. Michel Vivien ! Du bout des lèvres, il se répétait ses nom et prénom pour ne pas perdre totalement conscience, et il aurait pu répéter n'importe quoi d'autre ; mais à cet instant, rien de plus original ne traversait son esprit. Au moment où il allait piquer du nez dans l'herbe, il se reprit et rouvrit les yeux. On venait. Deux mains écartèrent les roseaux qui gênaient la progression sur le sentier.

« Vous voilà, enfin... Je vous cherchais depuis un bon bout de temps. Qu'avez-vous ? Vous nous aviez paru si pâle, tout à l'heure !

— Ce n'est rien. Rien du tout. La fatigue des derniers jours, la tension. Rien. J'avais besoin d'un moment de repos.

— Je vous laisse. »

⁂

C'est une dizaine de minutes plus tard que Michel Vivien, qui avait fermé les yeux et s'était étendu sur le banc, sentit une nouvelle silhouette approcher, beaucoup plus discrètement cette fois. Elle s'immobilisa près de lui. Ce pas lui était inconnu. « Professeur Vivien ? Que faites-vous là ? Avez-vous oublié l'opération *Myosis ?* Que se passe-t-il ? » Alors seulement, il ouvrit les yeux.

Il avait attendu cette voix pendant des jours. Il la connaissait bien. Il aurait pu rester étendu les yeux fermés et répondre ainsi, mais le timbre de cette voix lui avait laissé comprendre que quelque chose n'était pas conforme au déroulement prévu de la mission, aussi se leva-t-il.

« Que faites-vous ici, Vivien ?

— Je vous attendais.

— Vous n'aviez pas à m'attendre. Vous me forcez à me découvrir. Comment saviez-vous que je...

— Je ne savais rien.

— Vous n'auriez jamais dû entrer en contact avec moi.

— C'est vous qui êtes venu à moi. J'ignore tout de ce que je fais ici. J'attends des ordres.

— Quels ordres ? Je n'ai rien à vous dire. Vous devriez être en ce moment dans votre base et préparer l'opération. Notre amie ne vous a pas expliqué ?

— Ami ? De qui parlez-vous ?

— Il était prévu que vous meniez à bien l'opération tous les deux, quand je lui aurais transmis les dernières consignes. Elle devait tout préparer.

— Elle ? J'ai reçu l'ordre d'accompagner la délégation. J'ai cru... Au dernier moment, on m'a envoyé ici...

— Qui, on ? Qui vous a donné cet ordre ?

— Estrella Mayor, hier. »

Le visage de Montague s'était assombri.

« C'est donc elle... C'est elle qui vous a éloigné. Mais c'est elle qui devait vous aider à détruire les télescopes ! Elle détient tout. Que s'est-il passé... Qu'est-ce qui lui a pris ? Elle a craqué. On l'a retournée... Elle vous a éloigné. Elle a dû renoncer. Que s'est-il passé ? » Puis, dans un murmure : « Manifestement, elle ne nous a pas dénoncés. C'est étrange. Je ne comprends pas... »

Michel Vivien s'était rassis sur le banc. Ses jambes ne le tenaient plus. Montague, dont l'esprit fonctionnait comme un accélérateur de particules. Estrellita. Dans ses pensées surchauffées naissaient puis s'éloignaient des étoiles filantes. Des souvenirs de leur amour, catapultés contre les parois de son crâne, heurtaient des ébauches de réflexion. Elle. Ce mot happait ses tentatives de reconstitution, et à peine réussissait-il à poser les questions élémentaires : depuis quand ? Pourquoi ? Savait-elle ? L'utilisait-elle ? À peine entendit-il la voix de Montague reprendre, à peine audible tant elle était affectée : « Il faut tout annuler. Impossible, de toute façon, que vous fassiez quoi que ce soit d'ici demain. Nous avions choisi ce jour-là car tout le monde serait parti pour cette maudite croisière. C'était le seul moment propice. Annulons. Je ne vous ai jamais parlé. Il ne se passera rien. Je n'aurais jamais dû jeter le masque devant vous. Jurez-moi de ne rien révéler, Vivien. Probablement ne dira-t-elle rien. Annulons, sinon elle risquerait de tout lâcher. Je ne comprends rien. Sauver le réseau : voilà tout ce qu'il nous reste à faire. Il faut que je vous quitte. On pourrait me repérer auprès de vous. Bonne chance, Vivien. »

⁂

Michel Vivien regarda s'éloigner la silhouette du Prix Nobel. Il ne se remettait pas du double choc qu'il venait d'encaisser. Montague : de la théorie des supercordes à la résistance pour réhabiliter la science, la remettre au service des hommes. Il revoyait par flashs la carrière de cet Einstein du XXIe siècle, ses hypothèses audacieuses, dans la droite lignée des travaux des tenants de l'Équation unique, les John Schwarz, David Gross et autres, qu'il avait défendus pied à pied jusqu'à faire la démonstration de toute leur valeur… Le visage dur et creusé de rides du docteur en physique des particules se superposait à celui d'Estrella. Vivien tenta de recouvrer ses esprits. Il resta là sans bouger pendant une demi-heure. Quand il se releva, sa décision était prise. Il avait pesé le pour et le contre. C'était possible. Jouable, plus exactement. Il reviendrait, tenterait de comprendre et, s'il y avait encore une chance sur un million de réaliser l'opération, il passerait à l'acte. Il serait bientôt minuit, heure de Chine. Il allait replonger dans le brouhaha et se montrer parmi les autres délégués, discuter ici et là pour être vu du plus grand nombre. Dans peu de temps, chacun rejoindrait sa chambre. Vers deux heures du matin, il se lèverait en douce dans la nuit d'Ératosthène et s'introduirait dans l'aérogare de transit interbase. Dans la zone internationale, la circulation était libre. Il ne prendrait pas l'avion, qu'il était incapable de piloter. Il se mettrait aux commandes d'une des chaloupes, plus difficile à repérer, qui le conduirait en une heure dans une base européenne très dépeuplée. Il serait là-bas encore en fin de soirée, heure locale s'entend. En volant bas, il échapperait au guet des radars. Et s'il lui était possible de ne rester que deux heures sur place, mais il n'osait encore envisager une telle hypothèse, il pourrait être de retour incognito à la base chinoise, pour la croisière prévue dans l'après-midi. Son absence, si les dieux étaient avec lui, pourrait passer inaperçue.

Le moment était venu de ne plus se renier, d'aller au bout de ce pour quoi il était là. Il s'accouda quelques instants au balcon de l'abîme. Depuis ce méridien, la Terre était invisible. Il reprit vite sa marche en direction du brouhaha. Montague, cerclé de grands esprits, s'entretenait dans un anglais parfait avec le directeur de la base américaine et ne le vit pas.

On servit une coupe de champagne à Vivien, qui s'intégra à dessein dans un groupe d'Européens, les écouta et intervint de temps à autre. Le champagne coulait dans sa gorge et sur des plaies internes qu'il réveillait sans même les cautériser : Anouck Valence, Allan et la Terre, une cour d'école où d'être trop timide on ne cesse de tourner et tourner tandis que d'autres grandissent et finissent par vivre et vous laissent, et enfin, mais ce n'était pas une fin, ce ne serait jamais une fin, quoi qu'il advienne, Estrella Mayor.

Revenir

Maintenant que la caravelle s'était détachée de l'orbite basse de la Lune, la base Europe et tous mes repères s'éloignaient à la vitesse d'un bolide. Grimée comme un acteur de kabuki, cette Lune était plus menaçante que jamais. Horrible, la face grêlée, mais borgne. À la hâte, avant que tout se perde, j'ai embrassé du regard le lac de l'Effroi, Ératosthène, Copernic et Clavius, Tycho et ses cônes de déjection, Platon, la mer des Pluies et l'océan des Tempêtes, Pilatus, Hérodote, Aristote, Aristarque, les monts Altaï, Herschel et son cimetière dont on avait retourné la terre avant-hier.

Bientôt, ce continent et ses atolls de civilisation auraient la taille d'une petite balle, puis d'une bille. Pico, Piton, Petavius : le diamètre micrométrique des souvenirs. Au fond, tout ce que j'avais réussi à faire était de transformer cet astre en un tombeau, et je le voyais rapetisser sans aucun regret. J'étais ce plongeur qui, menacé d'étouffement, remonte en hâte à la surface et ma surface, c'était la Terre.

Avaient-ils peur que je m'échappe ? Que je détourne leur caravelle vers une autre base, ou vers le grand vide ? J'avais quitté la Lune les mains liées et ils me maintenaient ainsi. Parfois, à ma demande, ils me libéraient ; mais la plupart du temps, je n'avais rien d'autre à faire que de rester devant un hublot. À notre décollage, la Terre avait surgi très bas au-dessus de l'horizon, puis disparu. Traversions-nous les limbes ? Pendant des heures, je n'ai pensé à rien. Rarement j'avais connu pareille propension au néant. Les chocs successifs reçus ces derniers jours avaient mis entre parenthèses ma faculté de ressentir et de raisonner, si ce n'est d'une façon primitive, extraordinairement lente. Mes impressions surgissaient de nulle part et s'éloignaient tels des camions dans le brouillard. Quand la Terre reparaissait, je la regardais grandir. Elle baignait dans une solution bleuâtre et se couvrait de dépressions pour cacher les massacres qu'on y commettait, ses colonnes de pauvres gens et ses forêts en flammes. Cette Terre avait elle aussi une face cachée, dont la topographie évoluait au jour le jour au gré de ceux qui urinaient sur elle du napalm et des plans sociaux. Je savais que nous franchirions bientôt ces points subtils où les forces de gravité de la Terre et de la Lune s'équilibrent, et j'aurais aimé qu'on me largue dans ces parages avec de quoi respirer et manger pour quelques années, le temps d'oublier ce qui devait être oublié, certain de flotter là sans être attiré par aucun des astres.

Aucun membre de l'équipage ne manifestait à mon égard la moindre marque d'hostilité. Pas même cette réserve de mise envers un suspect. Avant que le commandant de bord n'aille s'étendre, il m'a ôté les menottes. La caravelle voguait sans aide.

Le lendemain, j'ai pu garder les mains libres. Un des hommes s'est adressé à moi en m'appelant *professeur :* on était à l'heure du thé, en fin d'après-midi, et nous allions atteindre sous peu la station orbitale, gare de transit avant la descente sur Terre. Professeur ! La résurgence de ce titre, qui coïncidait avec notre retour dans la haute atmosphère, a aggravé le sentiment de malaise qui m'avait envahi à la vue de mes mains libres, au réveil. L'équipage (quatre hommes chargés, sur la Lune, de l'entretien des véhicules et des caravelles) semblait heureux à l'idée de retrouver au contact de la station un avant-goût de la Terre : deux hôtels, quelques restaurants et cafés, une boutique de luxe, une autre de produits frais. On ne serait plus qu'à trois cent cinquante-sept kilomètres du globe.

Une demi-heure avant l'arrimage, parce qu'on ne se souciait nullement de moi et que chacun était à son poste, j'ai poussé la porte de la cabine de pilotage. Le copilote n'était pas encore là ; il n'intervenait que dans les dernières manœuvres. Il n'y avait que le commandant. Je ne savais comment entrer en matière. Il gardait les yeux braqués sur la station dont on s'approchait lentement et d'où parvenaient, par radio, des consignes mélancoliques. Au bout d'un moment, sans dévier le regard, il m'a lancé : « Content de retrouver la Terre ? » Et je n'ai pu m'empêcher de lui demander de répéter. Je n'ai pas répondu. Il a tourné le visage vers moi. Il souriait. J'ai compris qu'il n'y avait aucune mauvaise part dans sa question et me suis enhardi à continuer : « Que fait-on, à la station ?

— Rien. Attendre le lendemain. Puis nous revenons.

— Nous revenons ???

— Chacun de son côté. Vous descendez sur Terre dès que possible, nous remontons sur la Lune.

— Je descends sur Terre... Qui m'attend ?

— La station approche. Vous allez céder votre place au copilote. À l'arrivée, check-in à l'hôtel, puis repos pour tous. Si vous voulez, nous nous revoyons ensuite. Ils ont un superbe café, vous y êtes peut-être passé à l'aller : avec vue sur la Terre. Soyez-y avant le dîner, vers vingt heures. »

⁂

Derrière les vitres, la Terre occupait une part essentielle du champ de vision. Un œuf bleu qui contenait en germe tous les rêves des hommes. Quiconque a connu simultanément l'émerveillement et l'anxiété imaginera dans quel état d'esprit je me trouvais. Nous survolions une Europe qui se jetait sous la nuit comme des liasses de documents d'archives dans un broyeur. En quelques minutes, les ténèbres avaient happé la Livonie, la Podolie, la Valachie. L'Ombre descendait la Vistule, avalait les Balkans. Dans les calanques, ce devait être l'heure du dernier bain, et j'ai repensé à eux. Des sensations contradictoires m'accablaient. Le commandant était en retard et je priais pour qu'il n'arrive jamais. Je ne le reverrais pas. Ma condamnation consisterait à devoir regarder la Terre jusqu'à la fin de mes jours, sans télescope. Depuis combien d'années cette station gravitait-elle autour du globe ? De temps à autre, elle pondait un vaisseau blanc qui descendait sur Terre sans qu'on le remarque. Dans les minutes de retard qu'accumulait l'officier, je m'absorbais dans le souvenir d'un après-midi de juin lointain, où je tournais, tournais, tournais autour du cercle des enfants de ma classe comme cette station loin de la Terre. Je tournais, je le répète, j'entends mes pas sur le goudron de la cour, et je finissais par jeter dans le dos de l'élue un mouchoir dont je craignais que, dans la précipitation, il ne tombât derrière sa voisine. Quel jour était-ce ? Qui se souvenait de ce jour, le plus important de l'histoire du monde sous les sédiments du temps ? Par moments, il m'arrivait de voir au-delà de la ronde des enfants assis, par petites touches. Je m'éloignais d'eux et des fragments de cette journée revenaient au semi-amnésique que l'âge d'homme avait fait de moi. Je revoyais sa robe grise, d'un ton inhabituel pour un début d'été. Autour d'elle, pierre après pierre, arbre après arbre, le paradis terrestre reprenait corps. C'est là sous les tilleuls, en haut de la cour, que ma vie avait failli commencer. Mais la timidité nous jette dans les bras morts de l'existence. Il faut accepter d'avoir manqué le coche et se retourner pour voir, derrière soi, les portes se clore l'une après l'autre sur les possibles anéantis. Estrella reposait sur la Lune et je ne réussissais toujours pas à saisir le sens de notre liaison, aussi vaine qu'éphémère ; Anouck était le fleuron de mes échecs et cet échec pourrissait au fond de moi. Et elle, l'enfant de neuf ans dans la cour d'école ? Je ne revoyais plus son visage avec la netteté de jadis, mais qu'importe : à des lustres de distance, il me réchauffait toujours. Il me protégeait des assauts de l'irréversible. Il était pour moi, fidèle adepte de la Solitude, ce que le Décalogue avait été au peuple de Moïse : un ordre de route, un je-ne-sais-quoi d'inextinguible. Il reparaissait chaque fois qu'il le fallait pour me remémorer ces jours où tout était possible. Je me disais alors que ces temps n'étaient peut-être pas tout à fait révolus. Qu'était devenu ce visage bien trop tôt apparu dans ma vie ? Le front collé à la vitre, une planète bleu nuit sous les yeux, je me demandais dans quel royaume, après tout ce temps, cette fille de neuf ans, ce fil d'or de ma mémoire avait grandi et fait sa vie, si tant est qu'elle soit encore de ce monde. La station glissait en silence et la Terre faisait de même, dans le sens contraire. Était-elle là, par exemple, dans cette région, ou dans cette autre qui entrait dans l'ombre ? Qu'elle soit encore de ce monde ! Par quelle cheminée secrète les âmes des morts quittent-elles la Terre, vers quel paradis ? Quel couloir aérien, quel courant ascendant leur est réservé ? Être condamné à vivre contre ces vitres, à rédiger une vie durant des rapports que personne ne lirait sur mes observations du jour : typhon sur le Yucatán, feux en Amazonie et dépression sur le centre-Atlantique, ainsi de suite jour après jour année après année, typhon sur le Yucatán, feux en Amazonie, écrire ainsi à la manière du journaliste qui, dans *Michel Strogoff,* fait télégraphier des extraits de la Bible pour conserver l'usage de la ligne.

À force de regarder la Terre de si près, il me semblait que mes sentiments revenaient, l'un après l'autre. Au moment où je me persuadais que j'étais là pour toujours, le commandant de bord est arrivé. Il s'est assis face à moi. Un serveur s'est présenté à notre table. Je ne me rappelle pas ce que nous avons commandé. D'aussi haut, on voit parfaitement les lumières des agglomérations, et je l'ai écouté.

« Vous allez descendre au plus tôt sur Terre, professeur. Il n'y a pas de vol vers l'Europe avant une semaine ; en revanche, vous en avez un, demain, pour la base d'Edwards en Californie. Le voyage retour vers Paris sera pris en charge par votre observatoire, naturellement. Ils sont prévenus. Vous reprenez votre place là-bas, dans une semaine.

— Ma quoi ? Et mon arrestation ? La Terre avait été prévenue !

— Qui a été prévenu ?

— L'Europe, la police, je ne sais pas. On m'attend. Je dois être jugé. Je ne comprends pas.

— Pourquoi tenez-vous à être coupable ?

— Pourquoi serais-je innocent ?

— Vous ne l'êtes pas.

— Nous sommes d'accord.

— Vous n'êtes pas innocent puisque personne ne vous accuse.

— Les explosions, la mort accidentelle !

— Vous accuser ? Vous n'allez tout de même pas croire que nous vous aurions fait un aussi beau cadeau, professeur ?

— Mais je le suis, coupable ! Quelle ordalie me vaut de revenir les mains libres ?

— Il n'est pas dans mes intentions de vous empêcher d'imaginer celui que vous aimeriez être, professeur. J'ai juste été chargé de vous conduire ici, de m'assurer que vous avez tout ce qu'il vous faut et de vous souhaiter un bon retour sur Terre.

— Je vais tout dire. Ils savent tout.

— Ils ne savent rien. Dites-leur ce que vous voulez, de toute façon. Vous êtes libre. Chacun sait qu'un séjour sur la Lune perturbe beaucoup. Les retours sur Terre sont toujours des moments pénibles. On dira, en plaisantant : ses neurones ont flambé en rentrant dans l'atmosphère.

— Les télescopes...

— Des dizaines d'autres sont en cours de fabrication, en ce moment même. Ne vous inquiétez pas pour si peu. Vous avez voulu jouer au héros, professeur. C'est bien. C'est noble. Vous avez même gagné une partie, en aveuglant Polyphème. Mais voilà, c'était sans compter que les têtes de Polyphème repoussent très vite. Il faudrait que vous couriez d'une tête à l'autre de cette hydre, d'un clone à l'autre de ces monocles. C'est là un travail dont vous croyiez pouvoir vous passer. Ah, ah ! L'hydre de Lerne est le monstre fabuleux qui a enfanté le taylorisme et le fordisme, que voulez-vous... Nous vous laissons libre, oui, plus libre que jamais, pour que vous puissiez expliquer à vos amis d'en bas à quel point ils sont impuissants. »

⁂

L'appareil survole les choux-fleurs des cumulonimbus, quelques houppelandes de cirrus et deux ouragans qui jouent les derviches au-dessus de Cuba. Tout est là. La Terre est intacte. Dès le golfe du Mexique, le fourgon spatial apprête son train d'atterrissage. Le ciel se dégage au niveau du Pacifique. Nous allons plonger là-dedans en piqué. Bientôt, la courbure de la Terre ne sera plus perceptible. La nuit perpétuelle qui l'enveloppe disparaîtra. J'ai collé les yeux au hublot. Nous perdons rapidement de l'altitude. Voici les contours de la Californie. L'arc de la sierra Nevada prolongé par les monts Tehachapi, qui retiennent la vallée de San Joaquin. L'agglomération de Los Angeles, escortée par des îlots, monte vers nous à une vitesse fulgurante. Au nord, des femmes et des hommes doivent se presser sur les plages, vaquer à leurs vies avec des fortunes diverses. Sous peu, l'équipage atteindra la seule tache claire du paysage, tache cuivrée à l'arrière de la ville. Le fourgon blanc tournoiera au-dessus du désert en se rapprochant du sol. Quelques minutes plus tard, il effleurera de ses roues arrière la piste de la base d'Edwards. Puis le train avant confirmera : Terre ! Mais terre étrangère. Car je me sens désormais d'ailleurs, d'un ailleurs qui n'a pas de nom et n'en aura jamais, et me revient en mémoire une formule d'Estrella qui, sur le coup, m'avait paru dénuée de sens : *la face cachée, tournée vers le vide*, et cette formule m'interdit, quoi qu'on exige encore de moi, de jamais renaître de mes cendres.

juillet 1997-octobre 1998

Table

Remerciements

L'auteur remercie le Centre National des Lettres pour la bourse qui lui a été attribuée en 1998.

9880

Composition
FACOMPO

Achevé d'imprimer en Espagne
par BLACKPRINT CPI
le 21 février 2012.

Dépôt légal : février 2012.
EAN 97822900351184

ÉDITIONS J'AI LU
87, quai Panhard-et-Levassor, 75013 Paris

Diffusion France et étranger : Flammarion